Delhi
Agra Jaipur

Agra Delhi Jaipur

SURENDRA SAHAI

Prakash Books

Inhalt

EINLEITUNG

Es gibt noch immer kein Buch, welches sich im einzelnen mit den historischen Bauwerken von Delhi, Agra and Jaipur befaßt. Besucher, die etwas mehr über die legendären Bauwerke dieser Region wissen möchten, werden dieses Buch zum Nachschlagen sehr nützlich finden.

Nach 1193, dem Jahr, in dem die Rajputen, angeführt von Prithvi Raj Chauhan III., dem letzten Hindu-Herrscher von Delhi, gegen die türkischen Soldaten Mohammad Ghoris eine Niederlage erlitten, begann sich im Baustil der Hauptstadt eine Wandlung zu vollziehen. Die Hindu-Ära endete mit der Machtergreifung dieses Herrschers und es begann die Periode des Delhi-Sultanats, in der unterschiedliche Ideale und Überzeugungen aufeinanderprallten. Dies kulminierte in der indo-islamischen Baukunst, deren schönste Beispiele in Delhi, Jaipur und Agra zu finden sind.

Die einheimischen Handwerker paßten sich dabei wundervoll an. Hände, die aus Stein herrliche Wandreliefs an Tempeln geschaffen hatten, brauchten nicht lange, um die Ornamentenkunst mit ihren arabischen und kalligraphischen Motiven an den Bauwerken der Sultane von Delhi zu meistern.

In Delhi gibt es eine Reihe ausgezeichneter Beispiele der indo-islamischen Architektur - das Qutb Minar, ein wunderschön gestalteter Turm, die Tughlakabad-Festung - eine großartige Festungsanlage inmitten einer öden Landschaft, die Rote Festung - Beispiel prächtiger Palastarchitektur, die Jama Masjid - eine einfache, aber sehr imposante, königliche Moschee. Delhi war die begehrte Hauptstadt einer Vielzahl von Reichen. Kämpfe, um in den Besitz dieser Stadt zu gelangen, haben sie in ein blasses Abbild ihrer einstigen Schönheit verwandelt. Aber immer noch gibt es genug Überreste, die von ihrer glorreichen Vergangenheit zeugen.

Agra war die Hauptstadt der Lodis und frühen Mogulkaiser. Zu Zeiten des Kaisers Akbar blühte Agra auf. Die Bauwerke von Agra and Sikri gehören zu den größten architektonischen Errungenschaften jener Ära. Die massiven Wälle und die beeindruckende Größe der Festungspaläste von Agra, der visionäre Idealismus der Bauten von Sikri, die Kombination von rotem Sandstein und weißem Marmor in Sikandara, die Pracht der Pietra Dura-Arbeiten am Itmad-ul-daula und Taj Mahal, dem weltberühmten Grabmal, machen Agra zu einem Ort mit einem außergewöhnlichen architektonischen Schatz.

Jaipur wirkt auf andere Art verführerisch. In dieser Hauptstadt Rajasthans sind herrliche Festungen und Paläste, wie die Jaigarh-Festung mit ihren massiven Festungswällen und der "Jaivan", der größten Kanone der Welt, zu finden. Dann gibt es hier Amber, einen romantischen Palastkomplex mit hübschem Glasmosaik und herrlich zarten "Jalis", den City-Palast, wo mittelalterliche Eleganz mit moderner Baukunst verschmilzt und das Jantar Mantar mit zwar primitiven, dafür aber faszinierenden Instrumenten zum Anstellen von Berechnungen zur Bewegung der Himmelskörper.

Diese Bauwerke in Delhi, Agra and Jaipur sind besser zu begreifen, wenn der Besucher etwas über ihre Geschichte und Bedeutung weiß. Dieses Buch versucht den Besucher mit diesen Bauwerken bekannt zu machen, damit ihnen der Platz in der indischen Baukunst eingeräumt wird, der ihnen gebührt.

Gegenüberliegende Seite: Das Pfauentor, Pritam Chowk, City Palast, Jaipur.

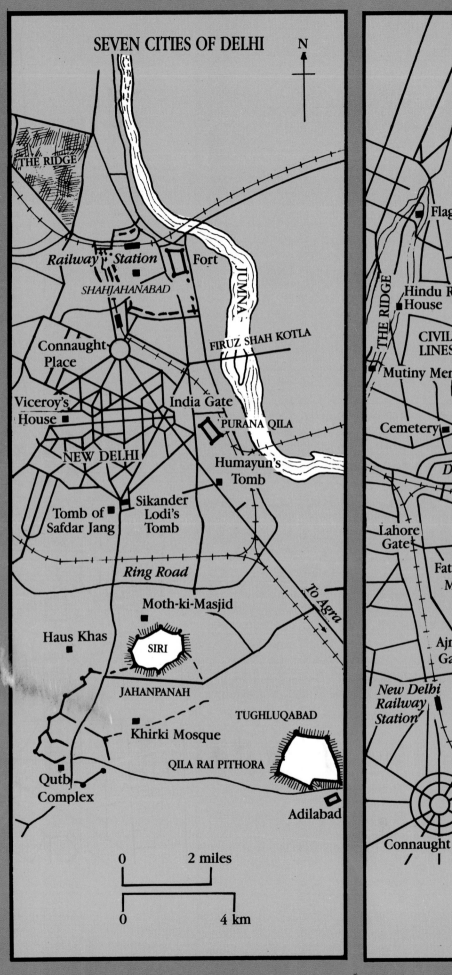

SEVEN CITIES OF DELHI

N

THE RIDGE

JUMNA

Railway Station Fort

SHAHJAHANABAD

Connaught Place

FIRUZ SHAH KOTLA

Viceroy's House

India Gate

PURANA QILA

NEW DELHI

Humayun's Tomb

Sikander Lodi's Tomb

Tomb of Safdar Jang

Ring Road

To Agra

Moth-ki-Masjid

Haus Khas

SIRI

JAHANPANAH

TUGHLUQABAD

Khirki Mosque

QILA RAI PITHORA

Qutb Complex

Adilabad

0   2 miles

0   4 km

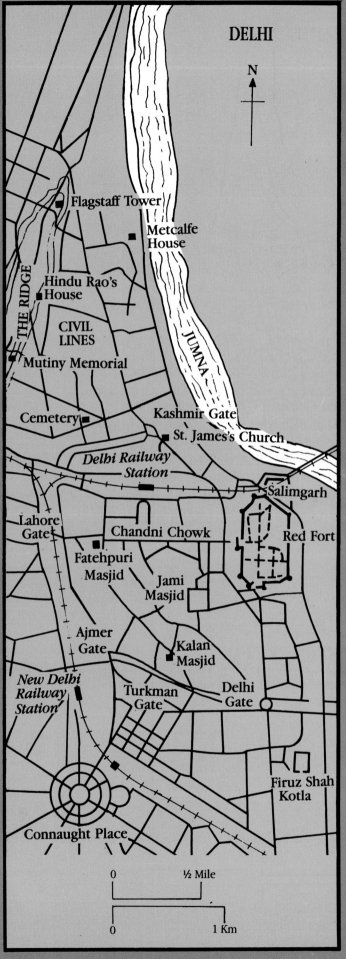

DELHI

N

Flagstaff Tower

Metcalfe House

THE RIDGE

Hindu Rao's House

CIVIL LINES

JUMNA

Mutiny Memorial

Cemetery

Kashmir Gate

St. James's Church

Delhi Railway Station

Salimgarh

Lahore Gate

Chandni Chowk

Red Fort

Fatehpuri Masjid

Jami Masjid

Ajmer Gate

Kalan Masjid

New Delhi Railway Station

Turkman Gate

Delhi Gate

Connaught Place

Firuz Shah Kotla

0   ½ Mile

0   1 Km

Delhi
Die Stadt aller Städte

Delhi ist eine der ältesten Städte der Welt. Hier erblickten Kaiserreiche das Licht der Welt, wurden zerstört und von anderen wiederaufgebaut. Dramatische Ereignisse haben das Bild dieser Stadt geprägt. Rajputen, Türken, Afghanen, Mogulen und Engländer, sie alle kämpften, um in den Besitz von Delhi zu gelangen. Sie bauten Festungen und Paläste, um sich hier niederzulassen. Dabei dauerte es oft nicht lange, bevor sie von anderen vertrieben wurden. Delhi überlebte unzählige Invasionen, Plünderungen und Massaker und erhob sich jedes Mal, gleich einem Phönix, in neuer Pracht aus der Asche.

Wir wissen mit Bestimmtheit, daß es außer der sagenumwobenen Stadt Indraprastha nicht weniger als sieben bedeutende Städte gab, die sich einst auf dem Boden von Delhi erhoben. Ruinen dieser Städte–Mehrauli, Siri, Tughlaqabad, Jahanpanah, Firozabad, Dinpanah oder Shergharh und Shahjahanbad, erbaut von den Türken, Khiljis, Tughlaqs, Afghanen und Mogulen, sind dafür klare Zeugen.

Indraprastha Die älteste unter ihnen soll Indraprastha gewesen sein, Hauptstadt der Pandavas aus dem großen Epos der Hindus, der **Mahabharatha.** Dort, wo heute das Purana Quila steht, soll sich ihre Hauptstadt befunden haben. Ein Dorf gleichen Namens gab es noch, als die Truppen Muhammad Ghoris Delhi im Jahre 1192 eroberten. Bis jetzt gibt es noch keine archäologischen Beweisstücke für die Existenz dieser Stadt. Dazu meinte der Historiker K.A. Narain: "Auf gleiche Art, wie im Westen die Existenz Homers durch archäologische Funde bewiesen wurde, hofft man, daß die Archäologie literarische Berichte über Delhi bestätigen wird. Tatsache ist, daß man damit schon begonnen hat. Mit jedem neu ausgegrabenem Überrest auf dem Gelände des Purana Quilas bewegen wir uns einen Schritt näher an den handfesten Beweis für ihre Existenz heran. Nach den glorreichen Tagen der Mahabharat-Ära geriet Delhi in Vergessenheit und existierte nur als unbedeutendes Anhängsel mächtiger Städte wie Mathura, Kannuaj und Pataliputra weiter. Und dennoch trotzte sie tapfer und geduldig dem zerstörerischen Zahn der Zeit.

Als die Tomars Delhi im 10. und 11. Jahrhundert besetzten, hielten sie sich zunächst in der Nähe von Indraprastha auf, um sich später in Anangpur in der Nähe von Tughlaqabad niederzulassen. Dort errichteten sie Suraj Kund, das älteste noch existierende Bauwerk Delhis. Nachdem sie nach Mehrauli weitergezogen waren, bauten sie dort Lalkot, die erste Festung Delhis. Die Chauhhans besiegten die Tomars gegen 1056, ergänzten die Stadtmauern durch weitere Bastionen und schlossen Lalkot im Norden mit ein. Das war Qila Raj Pithora, benannt nach dem berühmten König Prithvi Raj Chauhan III. Überreste des Festungswalles, der Bastionen, Wasserbecken und Türme sind auch heute noch in der steinernen Wüste, die das Qutb Minar umgibt, zu sehen.

Mehrauli Im Jahre 1192 besiegten Muhammad Ghoris türkische Truppen Prithvi Raj Chauhan III. Ghori reiste ab, ließ aber seinen Sklavengeneral Qutbuddin Aibak in Inderpat d.h. Indraprastha zurück. Die Mehrauli-Gegend nannte sich damals Yoginipura. Ein der Yogmaya geweihter Tempel steht auch heute noch in der Nähe des Qutb. Die ersten Sultane von Delhi ließen eine Reihe prächtiger Paläste südlich vom Qutb errichten, verwendeten aber das Qila Rai Pithora mit seinen starken Festungsmauern und Toren als Wohnsitz.

Figur und Münze, die bei Ausgrabungen im Purana Quila gefunden wurden.

9

Fast hundert Jahre lang erfreute sich Mehrauli der Gunst seiner Herrscher. Dann aber, nachdem sich das neue Reich gefestigt und Schätze angehäuft hatten, begann man Pläne zum Bau einer neuen Hauptstadt zu schmieden. Balbans Enkel, Kaikubad, baute die neue Stadt Kilokhiri im Jahre 1287 am Ufer des Yamunas in der Nähe des Dorfes Inderpat. Diese Stadt diente hauptsächlich als Vergnügungsort und Mehrauli hielt weiter seine Stellung als Hauptstadt des Sultanats inne.

Siri Danach kam Alal-ud-din Khilji, der 1303 zwischen Kilokhiri und Mehrauli, 'Siri' errichten ließ. Diese Festung wurde von seinen Nachfolgern völlig zerstört. Übriggeblieben sind nur ein paar Mauerreste, die in der Nähe des Siri Fort-Auditoriums und des Shahpur Jat-Dorfs zu sehen sind.

Tughlaqabad Unter den Tughlaqas, die mächtige und fanatische Sultane waren, war es Ghiyasuddin, der während seiner 4 Jahre dauernden Herrschaft zwischen 1320 und 24 Delhis spektakulärste Festung und eine Stadt, die nach dieser Dynastie Tughlaqabad genannt wurde, erbauen ließ. Muhammad Tughlaq verließ Tughlaqabad noch bevor es fertig gebaut werden konnte, um seine eigene Festung, Adilabad, auf einem Hügel in der Nähe zu bauen.

Jahanpanah Muhammad Tughlaq begann auch mit Bauarbeiten für die Stadt Jahanpanah, die innerhalb der Mauern der Städte Mehrauli, Siri und Tughlaqabad lag, aber nicht vollendet wurde.

Firozabad Der dritte Tughlaq-Herrscher, der Sultan Firoz Shah, wählte für seine Stadt einen Ort nördlich von den bereits existierenden Niederlassungen. Dieser Ort war Kotla am Ufer des Yamuna. Damit war das Problem des ständigen Wassermangels seiner Vorgänger sofort gelöst. Firozabad erblühte bis Timur 1398 diese Stadt überfiel, sie ausplünderte und zerstörte, so daß von ihr nur noch Ruinen übrigblieben.

Die Sayyads und Lodis lösten die Tughlaqs ab. Die Sayyads ließen Mubarakbad in der Nähe von Okhla errichten, von dem aber absolut nichts mehr existiert. Die Lodis zogen es vor, sich in Agra aufzuhalten und nachdem Babur Ibrahim Lodi 1526 bei Panipat besiegt hatte, kam dieser nur nach Delhi, um sich die Bauwerke von Delhi anzusehen, bevor er nach Agra weiterzog.

Dinpanah und Shergarh Humayun beschloß, Dinpanah zu bauen, eine neue Stadt auf dem Gelände des ehemaligen Indraprastha. Kaum aber hatte er die Wälle errichten lassen, wurde er von dem Afghanen Sher Shah gestürzt, der Humayuns Bauwerke schnellsten zerstörte, um Shergarh (1545-50) dort zu bauen, wo Humayuns Stadt gestanden hatte. Humayun riß die Macht wieder an sich, zerstörte die Bauten seines Gegners und nahm die Arbeit zum Bau von Dinpanah wieder auf. Er starb 1556, bereits sechs Jahre nach seinem Machtantritt.

Shahjahanabad Akbar, Jehangir und Shahjahan lebten in Agra. 1639 legte Shahjahan den Grundstein für eine große neue Stadt am Ufer des Yamuna in Delhi, Shahjahanabad. Die mächtige Festung und die darin eingeschlossene Stadt wurden 1648 fertiggestellt und Delhi wurde zur Hauptstadt eines neuen mächtigen Reiches.

New Delhi Zwischen 1857 und 1911 übten die Engländer ihre Tätigkeit von ihrer Hauptstadt Kalkutta aus. Im Jahre 1911 wurde Delhi aus kulturpolitischen Gründen zur Hauptstadt des britischen Indiens. Ihr Schicksal war sehr wechselhaft. Delhi blieb weiter eine verlockende Stadt, da man sich bewußt war, daß sie den Schlüssel Indiens in den Händen hielt. Aufgrund ihrer strategisch günstigen Lage war es nur logisch, daß sie die Hauptstadt Indiens war. Der Yamuna auf der einen Seite und der Gebirgszug der Arravalli-Kette auf der anderen sorgten für ausreichenden natürlichen Schutz.

Das Qutb Minar und die Baukunst des Delhi Sultanats Im Jahre 1192, als die Türken Delhi eroberten, kam Delhi große Bedeutung zu, nicht nur, was seine architektonische Entwicklung betraf, sondern auch im kulturellen Bereich. "In der Geschichte unserer Menschheit", bemerkte Sir Wolseley Haig, "gab es kaum zwei so hoch entwickelte Zivilisationen, wie die der Mosleme und Hindus, die, so grundverschieden sie waren, Seite an Seite existierten." Im Jahre 1193 stürmte Qutbuddin Aibak, der Sklavengeneral Muhammad Ghoris, die Zitadelle Lalkot des Königs Prithvi Raj III der Chauhan Dynastie und gründete das Sultanat von Delhi.

Quwwat-ul-Islam Moschee Die erste Aufgabe des neuen Herrschers war es, die Bauten

Gegenüberliegende Seite, oben: Alte Festung. Darunter: Die Festungswälle von Lalkot, Mehrauli.

11

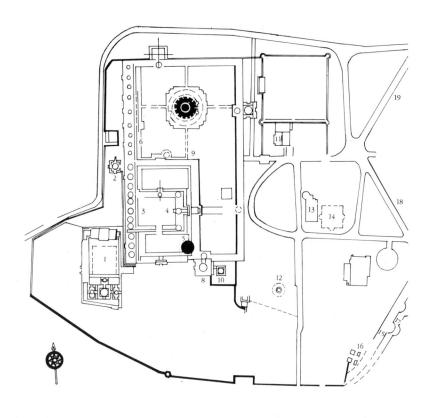

QUTB COMPLEX

To mehrauli	9 *Iltumish's Extension*
1 *Ala-ud-din's Tomb*	10 *Imam Zamin's Tomb*
and College	11 *Mughal Mosque*
2 *Iltumish's Tomb*	12 *Major Smith's Cupola*
3 *Iron Pillar*	13 *P.W.D. Rest House*
4 *Quwwat-ul-*	14 *Garbgaj*
Islam Mosque	15 *Ramparts of Lalkot*
5 *Qutb Minar*	16 *Chaumukha Gate*
6 *Ala-ud-Din-Khilji's*	17 *Moat*
Extension	18 *To Badarpur*
7 *Alai-Minar*	19 *To Delhi*
8 *Alai Darwaza*	

der Ungläubigen, ihre Paläste und Tempel, niederreißen zu lassen, um neue zu errichten. Zu diesem Zweck wurden auch sämtliche Gebäude in Lalkot und Qila Rai Pithora abgerissen und die Tempel dem Erdboden gleichgemacht. Man suchte sich aus diesen Ruinen die Säulen heraus und verwendete sie zum Bau des Säulengangs der Moschee Quwwat-ul-Islam (Macht des Islam).

Dort, wo einst ein uralter Vishnu-Tempel stand, erhob sich nun die erste Moschee des Delhi-Sultanats. Die Blüten-, Vasen- and Glockenmotive wie auch menschlichen Figuren waren zwar wunderschön, aber typisch für den Hindu-Stil. Die Anhänger des Islam waren darüber empört. Die Motive wurden verstümmelt, verloren aber trotzdem ihre Wirkung nicht. Um diese Säulen zu verbergen, baute man im Jahre 1199 eine riesige steinerne Gitterwand. Es handelte sich um eine prächtige Wand mit herrlichen kalligraphischen und Blütenmotiven. Die S-förmige Linie der Bögen aber wirkte nicht islamisch. Es war eine großartige, bauliche Leistung und man überließ es den nachfolgenden Sultanen, diese nicht-islamischen Merkmale in den Bauten, die sie später auf dem Gelände des Qutb errichten ließen, zu korrigieren. Die Quwwat-ul-Islam-Moschee war das erste bemerkenswerte Bauwerk, bei dem man den islamischen Baustil mit dem der Hindus kombinierte, und sich auf bis dahin unbekanntes Gebiet wagte.

Ein Überrest aus dieser glorreichen Vergangenheit ist die eiserne Säule, die im Hofe der Moschee steht. Mit einem Gewicht von mehr als 6 Tonnen, ist sie ein metallurgisches Wunder aus der Gupta-Ära (4.-5. Jh.), das seit Jahrhunderten keine Spur von Rost aufweist. Man sagt, daß ein Mensch, dem es gelingt, sie mit seinen Armen zu umfassen, wobei er sich mit dem Rücken an sie stellen muß, außerordentlich viel Glück im Leben haben soll.

Qutb Minar Im gleichen Jahr (1199) befahl Aibak, mit dem Bau des Qutb Minars, eines Turmes, der der Welt die Macht des Islams verkünden sollte, zu beginnen. Aibak konnte vor seinem Tode aber nur das erste Stockwerk vollenden. Sein Schwiegersohn und Nachfolger, Iltutmish, führte sein Werk später zu Ende.

Dieser 238 Fuß hohe Turm hat vier Stockwerke. Das erste ist sternenförmig gestaltet mit kantenartigen und abgerundeten Vorsprüngen, die sich abwechseln; das zweite Stockwerk hat kreisförmige Vorsprünge; das dritte ist wieder sternenförming; die vierten und fünften waren auch kreisförmig und aus weißem Marmor und wurden von einem steinernen Pavillon gekrönt.

Verse des Korans zieren auf vollendete Art in der Nashk- und Kufi-Schrift diesen Turm. Ganz besonders beeindrucken aber die hervorstehenden Balkons an dem nach oben schmaler werdenden Bauwerk. Diese "Tropfstein"- Methode wurde von der ägyptischen "Hohlkehle" übernommen.

Die Handwerker der Hindus, die an einem ihnen völlig fremden Baustil arbeiteten, leisteten dabei Bemerkenswertes und lieferten den Beweis für ihr beispielloses Können als Steinmetzen. Das Qutb Minar ist und bleibt das eindrucksvollste Baudenkmal Delhis, das sämtliche Bauwerke dieser Art in der islamischen Welt an Schönheit übertrifft.

Im Jahre 1368 wurde das Qutb Minar vom Blitzschlag getroffen, wobei das vierte Stockwerk beschädigt wurde. Firoz Tughlaq ließ es reparieren und fügte dabei ein fünftes Stockwerk hinzu. Im Jahre 1503 mußte Sikander Lodi beträchtliche Reparaturen an diesem Turm ausführen lassen, nachdem er schwere Schäden bei einem Erdbeben erlitten hatte. Im Jahre 1803 stürzte nach einem Erdbeben eine alte Kuppel ein. Major Robert Smith ließ umfangreiche Restaurierungsarbeiten durchführen und geriet dabei in solch eine Begeisterung, daß er eine Kuppel nach seinem eigenen Entwurf anfertigen ließ. Diese paßte aber überhaupt nicht in das Gesamtkonzept, so daß Lord Hastings sie 1848 wieder abreißen ließ. Sie liegt heute in der Parkanlage, die das Qutb umgibt.

Das Qutb Minar hat 379 Stufen und eine Gesamthöhe von 238 Fuß und einem Inch. Frühe Geschichtsschreiber nannten es einfach Minar. Später aber begannen es die britischen Restauratoren nach seinem Erbauer Qutb Minar zu nennen. Möglich aber ist auch, daß das Minar seinen Namen Qutbuddin Bakhtiyar Kaki, einem berühmten Heiligen und Mentor von Iltutmish, der in Mehrauli lebte, verdankt.

Das Qutb versinnbildlicht eine Achse oder einen Pol und erhebt sich triumphierend an der östlichsten Grenze der islamischen Welt. Natürlich war es viel zu hoch für den Muezzin, um von ihm mit seinem *Azan* die Gläubigen zum Gebet aufzurufen.

Gegenüberliegende Seite, oben: Die Säulen des Vishnu Tempels hinter den Arkaden der Quwwat-ul-Islam Moschee am Qutb Minar, Delhi. Darüber: Das Grabmal Balbans in der Nähe des Qutb Minar, welches für seine erstmalige Verwendung der Bogenform berühmt ist-

Erweiterung der Moschee Iltutmish, der zweite Sultan der Sklavendynastie, verdoppelte die Fläche der Quwwat-ul-Islam-Moschee, indem er das Minar in ihre Grenzen einbezog und die S-förmoge in den neuen Torbögen, die er baute, korrigierte. An den Wänden ließ er die schmückenden Blütenmotive durch arabeske und geometrische Motive im Stil des Islams ersetzen.

Sultan Garhi Diese Grabkammer liegt in einer Vertiefung unter einer flachen Decke. Hohe Wände und starke Bollwerke verleihen diesem Grabmal ein festungsartiges, grimmiges Aussehen. Es befindet sich ein paar Kilometer vom Qutb Minar entfernt. Das kleinere Grabmal des Iltutmish mit nur einer Kammer steht dahinter.

Iltutmishs Grabmal Dieses Grabmal ist innen mit wunderschönen Inschriften aus dem Koran in der Kufik-, Nastalik- und Tughra-Schrift verziert. Ebenso bemerkenswert ist die diskrete Anwendung von weissem Marmor auf der *Mihrab*. Dieses Bauwerk ist ein weiteres Beispiel dafür, wie die einheimischen Kunsthandwerker den frühen Bauten der Sultanats-Ära ihren Stempel aufprägten.

Alai Darwaza Das Qutb wurde von den Khiljis (1290-1320), den Nachfolgern Aibak Allauddins weiter vergrößert. Die neuen Torbögen erhoben sich aber nie über ihren steinernen Grund von fünf oder sechs Fuß Höhe. Von den vier hohen Torbögen konnte nur das südliche, das Alai Darwaza (1311) zu seinen Lebzeiten vollendet werden. Das Alai Darwaza ist durch die Verwendung von weißem Marmor und rotem Sandstein eines der schönsten Beispiele mehrfarbiger steinerner Verzierungen. Die spitz zulaufenden Bögen haben hervorstehende Ränder und Gitterfenster, die mit einem rechteckigen Band voller kalligraphischer Motive verziert sind. Die größte Errungenschaft aber ist die herrliche Kuppel.

Nördlich des Qutbs steht ein 87 Fuß hoher, unvollendeter Turm aus Steinen, der von Alauddin Khilji begonnen wurde und das Qutb überragen sollte.

Tughlaqabad Der Baustil des Qutbs läßt noch viele, für die Hindus typischen Elemente erkennen. Mit Machtergreifung der Tughlaqs aber setzte man gewaltsame Veränderungen durch. Von den existierenden Bauwerken wurden die Hindu-Ornamente entfernt. Militärisch und grimmig wirkende, festungsartige Bauwerke waren die charakteristischen Merkmale dieses neuen Baustiles.

Ghiyasuddin Tughlaq begann ein paar Kilometer südlich des Qutbs mit dem Bau einer großartigen Festung. Vier Jahre nach seiner Machtergreifung, 1320-24, stand Tughlaqabad bereits mit riesigen Wachtürmen und Bastionen auf massiven Festungswällen. Innerhalb der Festungsmauern befanden sich prächtige Paläste, unterirdische Anlagen, Moscheen, Türme, Wasserbecken und geheime Schatzkammern, wo unermeßliche Mengen Gold aufbewahrt wurden. Die Tughlaqabad-Festung inmitten einer zerklüfteten Landschaft wirkte ehrfurchtgebietend.

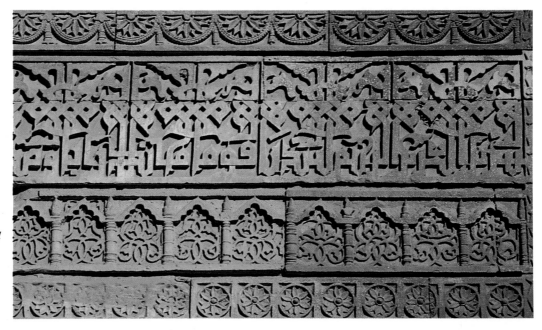

Rechts: Verzierungen am Grabmal Iltumeshs in der Nähe des Qutb Minar. Gegenüber, oben: Die Balkons des Qutb, spektakuläre Tropfsteinarbeit. Unten, links: Arkadengang der Quwwat-ul-Islam Moschee am Qutb Minar.

Ghiyasuddin hatte sich den Zorn des Heiligen Nizamuddin zugezogen, der die Stadt des Sultans mit den folgenden Worten verfluchte: "Ya rahe usar, ya base gujjar" (Möge sie eine Geisterstadt sein und vom Stamm der Gujjars bewohnt werden.) Ghiyasuddin hatte dem Heiligen beim Bau seines *Baolis* große Schwierigkeiten bereitet. Der Sultan, der sich durch die Furchtlosigkeit des Heiligen beleidigt fühlte, drohte ihm bei seiner Rückkehr aus Bengalen schlimme Konsequenzen an. Nizamuddin stichelte darauf: "Hunuz Dilli dur ast." (Delhi ist immer noch weit weg.) Der Sohn des Sultans bereitete anläßlich der Rückkehr seines Vaters einen Empfang vor den Toren der Stadt unter einem großartigen, hölzernen Baldachin vor. Die salutierenden Elefanten traten auf diese Struktur, die über dem Sultan zusammenstürzte und ihn unter sich begrub. Der Sultan war sofort tot. Er hatte, wie ihm von dem Heiligen vorausgesagt worden war, Delhi nie erreicht und auch Tughlaqabad wurde kurz darauf verlassen.

Ghiyasuddin Tughlaqs Grabmal Ghiyasuddin Tughlaq ließ bereits zu Lebzeiten sein Mausoleum innerhalb einer kleinen Festung und von einem künstlichen See umgeben, errichten. Es handelt sich um ein Fünfeck im Grundriß. Dieses prächtige Grabmal hat Wälle mit Strebepfeilern und zartem Schmuck aus weißem Marmor auf rotem Sandstein. Sehr schön ist die Lotuskante am Eingang. Die spitz zulaufende Kuppel aus Marmor, die von einer Lotusblüte gekrönt wird, wirkt sehr majestätisch. Fergusson, ein Historiker für indische Baugeschichte, sagte das folgende über dieses Grabmal: "Die abgeschrägten Mauern und die fast ägyptische Kompaktheit dieses Mausoleums, lassen es zusammen mit den gewagten und mächtigen Türmen der Befestigungen, die es umgeben, zu einem vorbildlichen Grabmal eines tapferen Kriegers werden, das wohl nirgends seinesgleichen hat."

Adilabad Muhammad Tughlaq begann schon kurz nachdem er den Thron bestiegen hatte mit dem Bau seiner Festung in Adilabad in der Nähe von Tughlaqabad. Er hatte den ehrgeizigen Plan geschmiedet, alle Niederlassungen, die verstreut zwischen Mehrauli, Tughlaqabad, Kilokhiri und Siri lagen, von einer Festungsmauer umschließen zu lassen. Dieses Projekt sollte Jahanpanah heißen. Er verwarf diesen Plan aber aus Mangel an Geldern, die er sinnlos durch das Verlegen seiner Hauptstadt nach Devagiri im Dekkan und wieder zurück nach Delhi, verschwendet hatte. Muhammad Tughlaq wurde im Grabmal seiner Eltern in Tughlaqabad beigesetzt.

Firoz Shah Kotla Firoz Tughlaq (1351-88) liebte es über alles, großartige Bauwerke errichten zu lassen, war sich aber auch der Tatsache bewußt, daß die alten Bauten von Delhi erhalten werden mußten und ließ viele von ihnen restaurieren. Ihm war klar, daß eine schlechte Wasserversorgung der Hauptgrund dafür war, daß diese Städte südlich von Delhi aufgegeben werden mußten. Er löste dieses Problem, indem er seine Stadt am Ufer des Yamuna bauen ließ. Firoz Shahs Kotla war eine großartige Zitadelle mit schönen Palästen, langen, gewundenen Säulengängen und einem *Baoli* (Brunnen, zu dem Stufen hinunterführen). In Kotla gab es zwei andere herrliche Bauwerke, die der Stolz der Stadt waren.

In der Jama Masjid hatten 10 000 Menschen Platz. In ihrem Zentrum befand sich eine Säule, auf der die Errungenschaften Firoz Tughlaqs eingemeißelt waren. Diese Moschee wurde von Timur dem Erdboden gleichgemacht, der ihr Baumaterial zum Bau einer Moschee in Samarkand mitnahm. Die pyramidenförmige Struktur, die von einer Ashoka Säule gekrönt wurde, stammte aus dem 3. Jahrhundert vor Christus. Die Treppen hatte man als Siegesbeute aus Topra bei Ambala mitgebracht. Sie blieb ihm und seinen Zeitgenossen ein Rätsel, denen es nicht gelang, ihre Inschrift zu entziffern. Sie glänzt heute noch genauso wie früher. Firoz Tughlaqs Stadt erstreckte sich von der Ridge bis nach Mehrauli. In ihr gab es Schulen, Karawansereien, Krankenhäuser und Moscheen.

Moscheen Das schönste Geschenk, das Firoz Tughlaq der Stadt Delhi hinterließ, waren die vielen Moscheen, die er bauen lies. Zu ihnen gehören die Kali Masjid am Turkman Gate und in Nizamuddin, die Khirki Masjid in Sheikh Serai und die Begampuri Masjid in der Nähe des Badi Manzil in Jahanpannah. Diese Moscheen sind groß und geräumig, mit abgeschrägten Stützpfeilern an den Ecken, mehrfarbigen Kuppeln und bogenförmigen Eingängen.

Die Kirki Masjid ist besonders schön, da ihr Hof überdacht ist und vier Öffnungen Licht hereinlassen. Die 85 kleineren Kuppeln sind eine andere ungewöhnliche bauliche Neuerung. Die Begampuri Masjid ist für ihren großen Innenhof mit Arkadengängen berühmt.

Khan-i-Jahan Tilangani, der Premierminister Firoz Shah Tughlaqs, der die meisten dieser

Gegenüberliegende Seite, oben: Die Tughlaqabad-Festung. Links: Das Grabmal Ghiasuddin Tughlaqs. Links außen: Die Ruinen der Jama Masjid in Firoz Shah Kotla, Delhi.

Moscheen bauen ließ, wagte ein weiteres bauliches Experiment, indem er für sich ein achteckiges Grabmal entwarf. Die Grabkammer ist von einer Veranda umgeben. Schwere und breite überhängende Dachkanten sorgen für Schatten und Schutz bei Regen. Kuppeln auf dem Dach lassen das ganze Bauwerk noch prächtiger wirken. Dieses Grabmal, das in der Nähe von Nizamuddin stand, wurde zum Vorbild für die königlichen Grabmäler der Sayyads und Lodi-Herrscher, die den Tughlaqs folgten.

Das Grabmal in den Lodi-Gärten Die Grabmäler der Sayyad- und Lodi-Könige (1414-1526) standen in den Lodi-Gärten. Die Sayyads erbten ein verarmtes Königreich und lebten in Kotla. Sie errichteten ihre Grabmäler nun in offenen Parkanlagen, im Gegensatz zu denen der Tughlaqs, die immer von Befestigungen umgeben waren. Das rechteckige Grabmal Muhammad Shahs (1450), dritter Herrscher der Sayyad-Dynastie, hat schräg abfallende Strebepfeiler, hervorstehende Kanten, eine von einem Lotus gekrönte Kuppel und war für lange Zeit Vorbild für viele der achteckigen Grabmäler, die in den darauffolgenden Jahren entstanden.

In der Nähe befindet sich hinter einer Mauer das Grab Sikander Lodis (1517-18), welches für die erstmals verwendete Zwillingskuppel berühmt ist. Dieses persische Konzept wurde an den großartigen Grabmälern Humayuns in Delhi und der Mumtaz Mahal in Agra vervollkommnet.

Die quadratischen Grabmäler - eine einzelne, quadratische Grabkammer mit einer Kuppel darüber - waren für Minister und Adlige bestimmt. Die geraden Linien der Außenwand wurden in Sektionen unterteilt, um ein zwei- oder dreistöckiges Bauwerk vorzutäuschen. In Wirklichkeit gab es aber immer nur einen Stock.

Bada Gumbad und Shish Gumbad in den Lodi-Gärten sind zwei ausgezeichnete Beispiele für diese typischen Grabmäler der Lodis. Blauer Mosaikschmuck, schwere Eckpfeiler und eine bemalte Decke, charakteristische Merkmale dieser Bauwerke wurden hier vorzüglich angewandt.

Die Bada Gumb Masjid (1404) zeichnet sich durch herrliche Stuckarbeiten aus. Zarte Filigranarbeit und schöne kalligraphische Bänder an den Bögen machen sie zu einer der schönsten Moscheen Indiens, auch wenn ihr Baustil ein sehr einfacher ist.

Das Sultanat von Delhi begann unter den Lodis sich allmählich seinem Ende zuzuneigen, hatte aber Merkmale der Hinduarchitektur wie Stärke, Kraft und Eleganz übernommen. Einheimische Kunsthandwerker hatten die Prinzipien der islamischen Baukunst gemeistert und in ihren Werken die besten Gesichtspunkte beider Baustile vereint, um herrliche Oberflächenverzierungen zu schaffen. Der Baustil der Hindus verschwand nie völlig. Er hatte sich nur bescheiden in den Hintergrund zurückgezogen, um dann wieder aufzutauchen, wenn die Zeit dazu reif war, so daß die indo-islamische Baukunst eine Fusion dieser beiden unterschiedlichen Stile ist.

Purana Quila Obwohl es keine festen Beweise dafür gibt, daß sich hier das legendäre Indraprastha wirklich befunden hat, erfreut sich diese Festung eines gewissen Ansehens. Die heute noch zu sehenden Bauten stammen aus der Zeit Humayuns und Sher Shahs. Humayun ließ die mächtigen Festungsmauern und drei Tore bauen, bevor er sein Königreich an Sher Shah verlor. Dinpanah, die Stadt Humayuns, war wie ihr Erbauer vom Pech verfolgt. Das nördliche Tallaqi Darwaza ist für Besucher gesperrt, wie auch das südliche Tor am Zoo. Durch das westliche Tor betritt man ein großes Gelände, auf dem sich nur noch zwei Gebäude, die von Sher Shah gebaut wurden, befinden.

Die Quila-Kunha-Moschee (1541) ist ein großartiges Bauwerk mit einer fünfbögigen Fassade. Sie zeugt von dem monumentalen Afghanenstil. In dieser Moschee befindet sich eine der schönsten *Mehrab* aus weißem Marmor. Den mittleren Bogen schmücken herrliche Verzierungen aus weißem und buntem Marmor, der sich wunderschön vom roten Sandstein abhebt. Die schmalen gerieften Pilaster am mittleren Bogen waren ein Experiment, was später unter den Mogulen zum Bau von Minaretts als integraler Teil einer Moschee führte.

Sher Mandal Sher Mandal ist ein kleiner achteckiger Turm aus rotem Sandstein, ein doppelstöckiges Bauwerk, das von einem kleinen Pavillon gekrönt wird. Humayun benutzte ihn später als Bücherei und fiel die Treppen hinunter, nachdem sich sein Fuß in seinem Gewand verfangen hatte. Er starb drei Tage nach diesem verhängnisvollen Unfall. In der Nähe des Sher Mandal gibt es ein tiefes *Baoli*, welches immer noch die Gartenanlagen mit Wasser ver-

Gegenüberliegende Seite, oben: Das Grabmal Humayuns in Delhi, Vorgänger des Taj Mahals. Unten, links: Bada Gumbad-Moschee (Lodi-Ära) in den Lodi-Gärten, Delhi. Rechts: Babur, der Gründer des Mogulenreiches in Indien.

sorgt. Ausgrabungen im Purana Qila haben zwar keine Funde aus der Mahabharat-Ära geliefert. Dafür aber entdeckte man unterschiedliche Schichten, die davon zeugen, daß dieser Ort von der Maurya-Ära bis zu den Mogulen bewohnt war.

Der Fluß, der einst direkt unter dem Purana Qila vorüberfloß, hat inzwischen seinen Kurs geändert und der Festungsgraben ist nun trocken. Lal Darwaza, eines der großartigen Tore Sher Shahs, ist das einzige Bauwerk, das von Sher Shahs Stadt überlebt hat.

Humayuns Grabmal: Humayun starb im Jahre 1556 und Haji Begum, seine Witwe, ließ 1569 für ihn ein Grabmal errichten. Die 300 arabischen Handwerker, die sie mitgebracht hatte, verwirklichten ihren Plan und schufen dieses herrliche Bauwerk mit seinen typischen persischen Merkmalen, das in einem grossen Garten stand. Mirak Mirza Ghiyas, der dieses Grabmal entwarf, schuf damit das erste perfekte Beispiel einer Doppelkuppel, wobei sich die erste Kuppel über der Grabkammer wölbt und die zweite dem Bauwerk zusätzliche Höhe verleiht. Das Mausoleum steht auf einem vier Fuß hohen steinernen Podest, auf dem sich die 22 Fuß hohen Strebepfeiler erheben. Dadurch entstand ein Keller mit Räumen, und je einer 17-bögigen Aussenmauer an allen vier Seiten. Auf dieser Art Plattform erhebt sich das rechteckige Bauwerk aus rotem Sandstein mit zarten Verzierungen aus weißem Marmor. Darüber wölbt sich eine Kuppel von 38 m Höhe. Die vier Torbögen auf jeder Seite sind 12,2 m hoch und werden von kleineren Bögen und zurückgesetzten Fenstern mit Steingittern flankiert.

Oben auf der Plattform befinden sich die Gräber anderer Prinzen der Moguldynastie. Zu erwähnen ist dabei Dara Shikoh, Shahjahans Kronprinz. Es war auch Humayuns Grabmal, in dem Bahadur Shah, der letzte der Mogulenkaiser 1857 vor den Engländern Zuflucht suchte. Zusammen mit ihm ergriff man seine drei Söhne, die am Khooni Darwaza erschossen wurden.

Der Garten ist im persischen Stil eines Char Baghs mit gepflasterten Pfaden und schmalen Wasserkanälen gestaltet. Humayuns Grabmal mit seiner Gartenanlage stand Shahjahan später Vorbild für den Bau des Taj Mahals, das den Höhepunkt dieser Art von Grabmalanlagen bildet.

Arab Ki Sarai und Bu Halimas-Garten Es handelt sich um die Überreste der arabischen Karawanserai, in der die arabischen Handwerker der Haji Begum untergebracht waren. Auch heute noch wirkt das große Tor sehr beeindruckend. Bu Halimas Gartengrabmal liegt vor Humayuns Grabmal. Wer diese Frau, die hier begraben liegt, eigentlich war, ist auch heute noch ein Rätsel.

Das Grabmal Abdul Rahim Khan-i-Khana In dieser zentral gelegenen Gegend von Delhi befinden sich zwei weitere Grabmäler von hervorragender Schönheit. In Nizamuddin steht das großartige Mausoleum Abdul Rahim Khan-i-Khanas, eines Vertrauten Akbars (1625). Auf einer Plattform errichtet, ist es ein Bauwerk mit einer hohen Kuppel und einer einzigen Grabkammer, das u.a. auch als Vorbild beim Bau des Taj Mahals diente. Die Marmorverkeidung der Außenwand wurde zum Bau des Safdarjung Mausoleum entfernt.

Das Grabmal Nizamuddins Ganz in der Nähe steht in einer dichtbevölkerten Gegend das kleine Grabmal Nizamuddin Auliyas, der zu jener Zeit von den meisten Menschen sehr verehrt wurde und der die Herrschaft einer Reihe von Sultanen (1235/1325) miterlebt hat. Auch heute noch erinnert man sich gern daran, wie dieser Heilige Ghiyasuddin Tughlaq verhöhnt hatte. Das ursprünglich sehr einfache Grab wurde von einem Adligen umgestaltet. Ein anderer Herrscher ließ einen Baldachin aus Perlmutt mit marmornen Gittern aufstellen.

Das Grabmal Amir Khusros Amir Khusro, der bedeutendste Schüler dieses Heiligen liegt in der Nähe seines Mentoren begraben. Als ob sie sich den Segen dieses Heiligen wünschten, ließen sich auch ein Reihe Adliger hier beisetzen. Jahanara, Shahjahanas älteste Tochter, liegt in einem einfachen Grab mit der Inschrift: "Möge mein Grab nichts bedecken, als das grüne Gras." Worte, mit denen sie ihrer Demut Ausdruck verleihen wollte.

Das Grabmal Muhammad Shah's Muhammad Shah II., zu dessen Herrschaftszeit Nadir Shah Delhi plünderte, starb im Jahre 1748 und liegt hier begraben. Ebenso begraben ist hier Jehangir II., der älteste Sohn Akbars.

Das Grabmal Atagha Khans und Chausath Khambhas Zwei andere Gräber in der Nähe verdienen erwähnt zu werden: Atagha Khans quadratisches Grabmal mit herrlicher,

Gegenüber, oben: Nizamuddins Grabmal in der Nähe von Humayuns Grabmal in New Delhi. Rechts: Safdarjungs Grabmal, New Delhi. Rechts aussen: Das einfache Grabmal der Mogulenprinzessin Jahanara Begum in Nizamuddin.

20

लाहौर द्वार
LAHORE GATE

Links: Die Rote Festung,
Shahjahanabad, Delhi.

Oben: Verzierungen an der Decke
der Diwan-i-Khas in der Roten
Festung, von Delhi.
Darüber: Nashiman zilli-i-illahi
(Sitz des Schatten Gottes). Sitz des
Herrschers in der Diwan-i-Aam in
der Roten Festung von Delhi.

mehrfarbiger Pietra dura Arbeit und Chausath Khamba (1625), eine Marmorhalle mit wunderschönen zarten Steingittern. Hier liegt der berühmte Dichter Mirza Ghaliß unter einem einfachen Marmorpavillon begraben.

Nizamuddin-*Baoli* liegt in der nordwestlichen Ecke des Grabmalgeländes. Es war während des Baues dieses *Baolis*, daß der überhebliche Ghiyasuddin Tuqhlaq den Menschen verbot, an diesem Bau zu arbeiten und so den Heiligen erzürnte.

Safdarjungs Grabmal Dieses Bauwerk ist das letzte der großartigen Grabmäler Delhis, die inmitten schöner Parkanlagen errichtet wurden. Wie seine Vorgänger ist es auf einer erhöhten Plattform erbaut. Den roten und naturfarbenen Sandstein zieren Motive aus weißem Marmor und die hohe, zwiebelartige Kuppel wird von vier Türmen flankiert. Dieses Mausoleum, das für den Nawab Safdarjung von Oudh (1753) errichtet wurde, ist, wie auch Humayuns Grabmal von einem schönen Mogulgarten umgeben.

Das Safdarjung Mausoleum ist das letzte prächtige Bauwerk der Mogulenära.

Die Rote Festung Qala-i-Mubarak (die glückliche Zitadelle) war der Mittelpunkt Shahjahanabads, der Hauptstadt des Mogulenreiches nach 1648. Es dauerte neun Jahre, bis diese großartige und massive Festung, die von Ustad Ahmad Lahori und den beiden Architekten, Ustad Hamid und Ustad Hira entworfen wurde, fertiggestellt werden konnte.

Der Besucher betritt die Festung durch das Lahore-Tor. Den Vorbau hatte Aurangzeb anfügen lassen, da er der Meinung war, daß die Menschen, die von der Hauptstraße kamen, die praktisch geradlinig hin zu dem königlichen Thron in der Diwan-i-Aam führte, wenigstens abzusteigen hatten, um dem Herrscher den ihm zustehenden Respekt entgegenzubringen. Hinter dem Lahore-Tor befindet sich Chatta Chowk, ein gothischer Durchgang mit einem achteckigen Platz im Zentrum. Das war der Markt der Festung, wo Händler aus fernen Ländern ihre Waren anpriesen. Heute kann man hier Souvenire und Imitationen von Antiquitäten kaufen.

Der Weg führt weiter zur Naqqar Khana, wo man einst Musik zu festgesetzten Stunden spielte. Die Paläste befinden sich hinter diesem wunderschönen, zweistöckigen Durchgang. Zwischen Chatta Chowk und Vaqqar Khana befanden sich einst ein Wasserbecken und Arkadengänge mit Unterkünften.

Diwan-i-Aam Die Diwan-i-Aam, die Audienzhalle für die Öffentlichkeit, ist ein Gebäude aus rotem Sandstein mit Kolonnaden. Die hervorragend gearbeiteten, gezackten Bögen, die auf Säulen ruhen, waren damals mit weißem Stuck überzogen. Der Thron des Herrschers stand auf einem erhöhten Podest, das ein weißer Marmorbaldachin überspannte, der mit den herrlichsten Pietra Dura-Arbeiten verziert war. Die Marmorplatten, auf denen Orpheus und exotische Vögel zu sehen sind, sind das Werk Austins von Bordeaux. Als in jenen Tagen

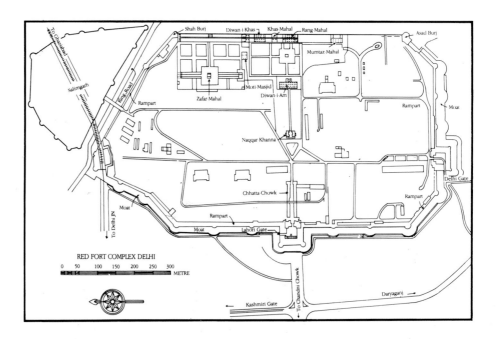

Gegenüber: Lotosformiger Springbrunnen aus Marmor im Rang Mahal, Rote Festung, Delhi.
Nächste Seite: Die Jama Masjid, Delhi.

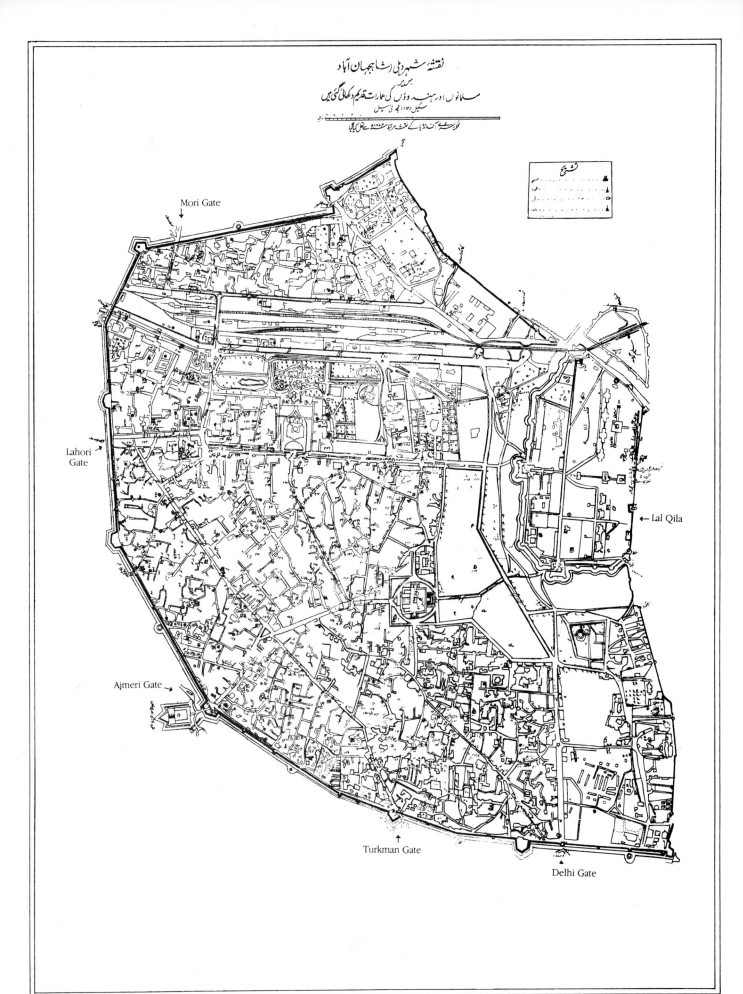

نقشہ شہر دہلی (شاہجہان آباد)

مسلمانوں اور ہندوؤں کی عمارات قدیم دکھائی گئی ہیں

Mori Gate

Lahori
Gate

Ajmeri Gate

Turkman Gate

Delhi Gate

Lal Qila

28

der Mogulenkaiser Audienz gab, war das ein Ereignis von unvorstellbarer Pracht-kostbare Teppiche, wunderschöne Gobelins, mit Brokat verkleidete Deckenwölbungen, Geländer aus Gold und Silber, und Adlige und Würdenträger, die mit gesenkten Köpfen vor ihrer Majestät standen. Der Wesir stand auf einem marmornen Podest vor dem königlichen Thron. Bittschriften wurden entgegengenommen und Urteile sofort gefällt. Tierprozessionen und Soldaten marschierten vorüber - ein Anblick von unvorstellbarem Glanz.

Rang Mahal Hinter der Diwan-i-Aam befinden sich drei Marmorpaläste, die auf den Fluß blickten. Der Rang Mahal war der königliche Serail und hat deshalb mit Gittern verzierte Fenster. Das Prunkstück hier ist ein weißer Marmorspringbrunnen in Gestalt eines Lotus. Von ihm führten flache Wasserkanäle zu den anderen Palästen. Die silberne Decke wurde von Farukh Siyar durch eine kupferne ersetzt, die später durch die jetzige aus Holz ersetzt wurde.

Im Mumtaz Mahal befindet sich heute ein Museum. Dieser Palast gehörte zu den Frauengemächern. Zwischen Diwan-i-Aam und Rang Mahal befand sich einst ein herrlicher Garten mit Springbrunnen. Ein großes Marmorbecken, das man restauriert hat, vermittelt einen gewissen Eindruck von der ursprünglichen Pracht jenes Gartens. Die Paläste im südöstlichen Teil des Geländes kennen wir nur noch aus den Seiten der Geschichtsbücher. Nur der kleinste, der Asad Burj, steht vergessen in einer Ecke.

Im Khas Mahal befanden sich die königlichen Privatgemächer. Hier gibt es ein Marmorgitter mit exquisiten Blumenmotiven.

Diwan-i-Khas Diwan-i-Khas war die Halle der Privataudienz. Sie ist aus Marmorsäulen erbaut, die mit Edelsteinen verziert waren. Die ursprünglich silberne Decke wurde von den Marathen entfernt. Es war der Palast, der am herrlichsten ausgeschmückt war. Er stand in einer Einfriedung, von der Arkadengänge mit Zimmern ausgingen und wurde durch einen roten Vorhang (lal purdah) vom Rest der Festung getrennt. Zutritt hatten nur wenige, privilegierte Menschen.

Kostbare Teppiche aus Herat, bunte Markisen, Polster, Kissen und Gobelins füllten diese Räume. Auf einem Marmorpodest stand der märchenhafte Pfauenthron aus reinem Gold, verziert mit den kostbarsten Edelsteinen, Perlen, Rubinen und Saffiren. Bebadal Khan war derjenige, der dieses Meisterstück entwarf. Oft als der prächtigste Thron der Welt beschrieben, schätzte Tavernier, ein Reisender, seinen Wert damals auf £12.037.500. Wenn der Kaiser mit dem Kohinoor geschmückt auf diesem Thron saß, dann bot sich dem Auge ein Bild von solch unvorstellbarem Glanz, wie nirgendwo in der Welt. Die berühmte persische Inschrift: "Gibt es ein Paradies auf Erden, dann ist es hier, ist es hier!" charakterisiert die Pracht des Diwan-i-Khas wohl am besten. Und der Nihir-i-Bihisht, der durch die Kanäle floß, verlieh dieser verzauberten Halle einen ganz besonderen Charm.

Die Diwan-i-Khas war während des Zerfalls des Mogulenreiches Augenzeuge davon, wie die letzten seiner Herrscher unter dieser Inschrift beleidigt und gequält wurden. Im Jahre 1739 entführte Nadir Shah den Pfauenthron wie auch den Kohinoor nach Persien. Andere Eindringlinge plünderten und entfernten die Decken aus Silber und Edelsteine und hinterließen nur noch eine leere Hülle dieses einst prächtigen Gebäude.

Weiter nördlich befindet sich Shah Burj, wo der Herrscher geheime Beratungen mit den Prinzen und Adligen hielt. Es hat eine mit Spiegelstückchen verzierte Halle, den Sheesh Mahal. Hier standen auch einst zwei herrliche Gärten - Mahtab Bagh und Hayat Baksh-genannt, voller Wasserkanäle unter schattigen, blühenden Bäumen. Die beiden Marmorpavillons, Sawan und Bhadon, haben den Ansturm der Engländer auf die Festung im Jahre 1857 glücklicherweise heil überstanden.

Moti Masjid Die Moti Masjid, Perlenmoschee, wurde im Jahre 1662 von Aurangzeb erbaut. Aufgrund ihrer zarten Verzierungen gilt sie auch heute noch als Juwel der mogulischen Architektur. Trotz der Zerstörung der kleineren Bauwerke der Festung, ganz besonders der Arkadengänge, Wohnpaläste und Gärten, zeugt der Rest der Bauten immer noch von der einstigen Pracht der Mogulenära.

Jama Masjid Gegenüber der Roten Festung steht die Jama Masjid (1650) aus rotem Sandstein. Als Indiens größte Moschee überblickte sie das dicht besiedelte Shahjahanabad. Es handelt sich um ein einfaches, aber sehr eindrucksvolles Bauwerk mit drei großen Torbögen, die in einen riesigen, mit Steinen ausgelegten Hof führen. Arkadengänge ziehen sich um den offenen Hof. Der zentral gelegene *Iwan* wird von zwei schlanken Minaretts aus rotem Sandstein und weißen Marmorstreifen flankiert. Sie haben eine Höhe von 130 Fuß und werden von eleganten Kuppeln gekrönt. Die drei Marmorkuppeln schmücken Bänder aus schwarzem Marmor. Sie sorgen für die bemerkenswerte Schönheit dieser Moschee. Mihram und Mimbar (Bogen und Kanzel) sind aus einfachem, weißen Marmor. In der nordöstlichen Ecke des Hofes steht eine winzige Moschee mit den Relikten des Hazrat Mohammad, die Shahjahan von Amir Timur geerbt hatte.

Francois Bernier, ein Besucher aus Frankreich am Mogulenhof im Jahre 1663 beschrieb die prächtige Prozession Shahjahans zur Jama Masjid. "Der König verläßt die Festung manchmal auf einem reich herausgeputzten Elefanten unter einem Baldachin sitzend, der auf bemalten und vergoldeten Säulen ruht und manchmal auf einem glänzenden Thron aus Azurblau und Gold, auf einer Trage, die mit Brokattuch bedeckt ist und von acht auserwählten Männern in schönen Gewändern auf ihren Schultern getragen wurde. Dem König folgte eine Truppe Omahs, einige zu Pferd, andere in Sänften. Dahinter kommt eine große Anzahl von Mansebdars und Trägern von silbernen Streitkolben. Man kann nicht sagen, daß dieser Zug den prunkvollen Prozessionen oder besser gesagt, Maskenzügen der *Grand Seigniers* oder dem Hofstaat eines europäschen Monarchen ähnelte. Sein Prunk ist von völlig anderer Art, dafür aber keineswegs weniger herrschaftlich."

Den Kaiser und seinen Hofstaat hat heute das einfache Volk ersetzt, das die Jama Masjid jeden Freitag zu Tausenden besucht.

New Delhi Am 12. Dezember 1911 verkündete König George V., daß Delhi der Verwaltungssitz der britischen Kolonialherrschaft werden sollte. Zwei namhafte Architekten, Edwin Lutyens und Herbert Baker, entwarfen die großartigen Bauwerke des kaiserlichen Delhis. Von Anfang an gab es Kontroversen und Streitigkeiten über die Kosten und den Entwurf der Bauwerke. Lutyens und Baker verspotteten die indische Architektur als 'Zwiebeln und Rüben auf Steinen,' grotesk und überladen. Für die beiden war der kaiserliche Baustil die geniale Lösung des Problems. Die Meinung der Öffentlichkeit und das Klima von Delhi zwangen sie aber, indische Elemente wie Chajjas (steinerne Balkons), Jalis (Gitterfenster), Chattris (Baldachine) und Lotus- und Glockenmotive miteinzubeziehen.

Der Sitz des Vizekönigs (Rashtrapati Bhavan) war das Prachtstück von Lutyens' Arbeit, ein großartiger Palast, größer als der von Versailles, aus rotem und honigfarbenem Sandstein, der die charakteristischsten Merkmale einer großen indischen Villa, einer Rajputen-Festung und eines Mogulengrabmales in sich vereint. Mit den Annehmlichkeiten eines englischen Landhauses mit Ballsälen, 300 Räumen, Galerien, und Gartenanlagen, beherrscht dieser Palast die Landschaft mit einem Portikus aus strengen Säulen, die von einer kupfernen Kuppel gekrönt wird und Geländer im Stupa-Stil von Sanchi hat. Im Vorhof steht die Jaipur-Säule, ein Geschenk Madho Singhs II., des Maharajas von Jaipur. Mit einem bronzenen Lotus, aus dem sich ein Kristallstern erhebt, war diese 145 Fuß hohe Säule das Symbol der britischen Kolonialmacht in Indien. Ein wunderschön angelegter Mogulengarten mit Springbrunnen, kleinen Wasserkanälen, einem Blumengarten und einem runden Teich am nördlichen Ende der vizeköniglichen Residenz gehören ebenfalls zu diesem Komplex. Dieser Garten hat jedes Jahr im Februar und März für die Öffentlichkeit geöffnet.

Die zwei Flügel des Sekretariats vor diesem Palast wurden von Baker entworfen. Sie haben außer ihren typisch indischen Merkmalen Räume mit hohen Decken, elegant-geschwungene Treppenaufgänge, Korridore und kleine Höfe.

Das Parlamentsgebäude, auch eine Schöpfung Bakers, besteht aus einer Reihe halbrunder Hallen, die ein äußerst schöner Gang mit 144 Säulen umgürtet. Seine Kuppel ist recht niedrig, liegt versteckt hinter dem Dachboden und wurde 1929 gebaut. Das gesamte Bauwerk ist einmalig und vom Konzept her sehr ungewöhnlich.

Lutyens entwarf die Grand Plaza (Vijai Chowk) mit ihren stolzen flachen Springbrunnen und Obelisken. Das Kriegsdenkmal in Gestalt eines Tores (India Gate) steht am anderen Ende dieser prächtigen Straße. Auf dem 139 Fuß hohen Torbogen sind die Namen von 60.000 Soldaten, die im 1. Weltkrieg fielen und 13.516 Soldaten, die als vermißt oder tot gelten, eingraviert. Heute brennt hier eine nie erlöschende Flamme in Erinnerung an Amar Jawan, die tapferen indischen Soldaten. Unter dem Baldachin, der in einem flachen Becken steht, befand sich einst die Marmorstatue König George V. New Delhi wurde am 9. Februar 1931 offiziell vom Vizekönig, Lord Irwin, eingeweiht.

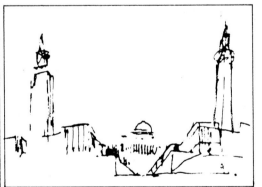  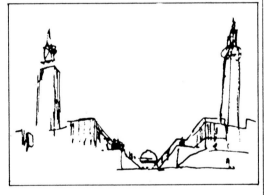

Oben: Rashtrapati Bhawan (Sitz des Präsidenten), New Delhi. Darüber: Porträt Edwin Lutyens, der die meisten der Gebäude des kaiserlichen Delhis entworfen und die Skizzen für den Nord- und Süd-Block einschießlich des Rashtrapati Bhawans angefertigt hat. Links: Das Parlament (Sansad Bhawan), New Delhi. Folgende Seite: Ein Blick aus der Vogelperspektive auf den Connaught Place.

Pläne für weitere großartige Gebäude zu beiden Seiten des King's Way (Raj Path) mußten aufgegeben werden und Lutyens konnte als einziges nur noch die Nationalen Archive fertigstellen. Zwei andere Architekten, die man ungerechterweise immer vergißt zu erwähnen, sind Robert Tor Russell, der den Connaught Place, das Haus des Oberkommandeurs der Streitkräfte (Teen Murti Haus), das östliche und westliche Gerichtsgebäude und eine Vielzahl von Bungalows und staatlicher Gebäude entwarf und Henry Medd, der zwei wunderschöne Kirchen – die Cathedral Church of the Redemption (1935) an der North Avenue und die Sacred Heart Church (1931) am Circular General Post Office (Gole Dakhana) entwarf. Das Nationale Stadion ist nach einem Entwurf von Russell, den Lutyens ursprünglich ablehnte, gebaut, und steht dort, wo die zentrale Achse des King's Way im Schatten des Purana Quila endet.

Die Engländer taten das gleiche, was vor ihnen 1193 die türkischen Sultane des Delhi-Sultanats getan hatten. Beide haßten zwar die traditionelle indische Baukunst, mußten aber ihre Elemente übernehmen. Die Bauwerke von New Delhi wirken gewiß sehr herrschaftlich prächtig und beeindruckend, aber doch ein bißchen fehl am Platz im unabhängigen Indien.

Jantar Mantar Auf der Parliament Street steht Jantar Mantar, das erste Zentrum Sawai Jai Singhs II. für astronomische Berechnungen. Im Jahre 1724 erbaut, ist es das einzige schöne Bauwerk aus der Zeit des Muhammad Shah II. in Delhi.

Birla Mandir Mit dem Bau von New Delhi, der letzten Stadt, die auf diesem geschichtsträchtigen Stück Erde errichtet wurde, war das Ende der großartigen Ära des indo-islamischen Baustils angebrochen. Zwei verhältnismäßig neue Bauwerke aber müssen hier wegen ihrer Schönheit erwähnt werden. Der Lakshmi Narayan-Tempel, nach seinem Erbauer Raja Baldev Rai Birla als Birla Mandir bekannt, entstand im Jahre 1938. Es handelt sich um einen Komplex kleiner Schreine und Ziergärten. Überraschenderweise ist das der erste große Hindutempel, der nach dem Sturz Prithvi Raj Chauhans im Jahre 1192 gebaut wurde.

Das zweite Bauwerk ist der Bahai-Tempel in Süd-Delhi. Dieser lotusförmige Bau ist aus weißem italienischen Marmor. Dieser herrliche Lotus ist Symbol der Reinheit und Vollendung. Seine neun Seiten repräsentieren die neun Weltreligionen. Betreten Sie seine großräumige Halle, um hier ungestört zu meditieren.

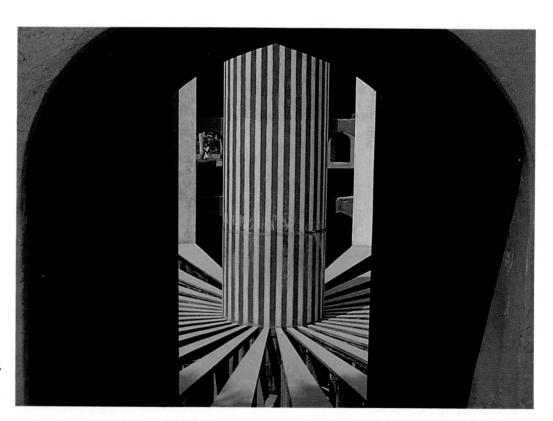

Rechts: Jantar Mantar, New Delhi, Gegenüber, oben: Baha'i Tempel, New Delhi. Darunter: India Gate, New Delhi.

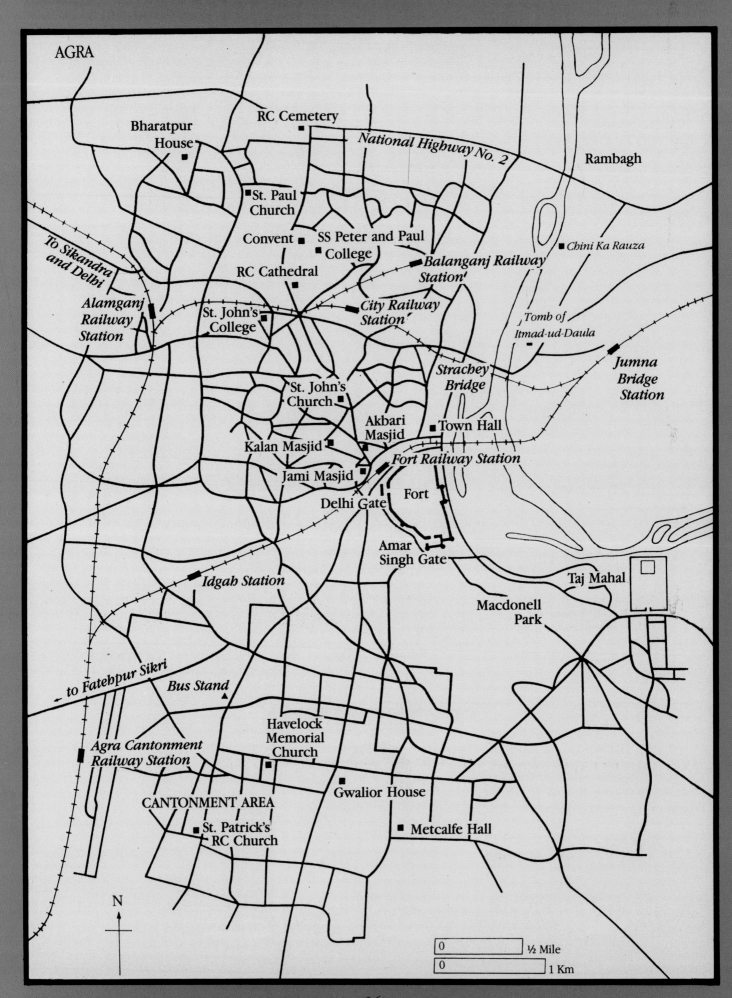

AGRA

RC Cemetery

Bharatpur
House

National Highway No. 2

Rambagh

St. Paul
Church

Convent

SS Peter and Paul
College

*Balanganj Railway
Station*

Chini Ka Rauza

RC Cathedral

*To Sikandra
and Delhi*

*Alamganj
Railway
Station*

St. John's
College

*City Railway
Station*

*Tomb of
Itmad-ud-Daula*

*Jumna
Bridge
Station*

St. John's
Church

*Strachey
Bridge*

Akbari
Masjid

Town Hall

Kalan Masjid

Fort Railway Station

Jami Masjid

Delhi Gate

Fort

Amar
Singh Gate

Idgah Station

Taj Mahal

Macdonell
Park

to Fatehpur Sikri

Bus Stand

Havelock
Memorial
Church

*Agra Cantonment
Railway Station*

CANTONMENT AREA

Gwalior House

St. Patrick's
RC Church

Metcalfe Hall

N

| 0 | ½ Mile |

| 0 | 1 Km |

36

Agra
Die erste Mogulenstadt

Agra liegt 139 Meilen von Delhi entfernt. Die Fahrt dorthin dauert etwa vier Stunden. Die Geschichte dieser Stadt ist nicht sehr alt. In der Mahabharat spricht man von diesem Ort als einem dichten Wald, der von Volksstämmen besiedelt war. Später, als dort eine Stadt entstand, war diese nur ein unbedeutendes Anhängsel der Rajputenkönigreiche. Erst im 15. und 16. Jahrhundert wurde Agra zu einer bedeutenden Stadt, als die Lodis dort eine Festung errichteten.

Im Jahre 1502 wählte Sikander Lodhi von der Afghanendynastie sie sich als seine Hauptstadt. Ein paar Gräber aus der Lodi-Ära sind auch heute noch bei Sikandra zu sehen. Babur besiegte 1526 Ibrahim Lodi, gründete das Mogulenreich und schickte Humayun nach Agra, um die Schätze der Agra-Festung zu holen. Hier schenkte der König von Gwalior, der im Keller der Festung Unterschlupf gefunden hatte, Humayun den Kohinoor, den größten Diamanten der Welt als Gegenleistung für sicheres Geleit für sich und seine Familie. Babur kam bald mit seinen Truppen nach und Agra wurde Sitz des neuen Königreiches. Agra blieb von 1526 bis 1585 die Hauptstadt der Mogulen. Später zogen Akbar und Jehangir Lahore als ihren Sitz vor und im Jahre 1648 verließ Shahjahan Agra offiziell und zog nach Delhi.

Der Mogulenkaiser Akbar

Agra erlangte erneut Bedeutung, als die Mogulen begannen, dort Paläste und eine beeindruckende Festung zu bauen. Es wurde zu einem blühenden Handelszentrum für prächtige persische Teppiche, Diamanten und Edelsteine und wunderbare Gewebe. Unter den Mogulen war aus Agra die märchenhafteste Hauptstadt Asiens geworden, über deren sagenhaften Reichtum man sich in nah und fern Geschichten erzählte. Man änderte ihren Namen auf Akbarabad, nach dem dritten und berühmtesten der Mogulenkaiser. Die Karawanseraien der Stadt quollen ständig über mit Menschen aus fernen Ländern. In der Stadt gab es unzählige Hammams (Bäder), Moscheen, Schulen und Märkte. Mit der Zeit verwandelte sie sich in eine Stadt mit unzähligen Gassen, in denen die kostbarsten und prächtigsten Waren aus aller Herren Länder zu finden waren. Die Menschenmengen waren so dicht, daß man sich kaum bewegen konnte. Dieser Wohlstand hielt sich aber nur, solange Agra die Hauptstadt des Mogulenreiches war. Nach 1648, als Shahjahan nach Delhi zog und den Pfauenthron und Kohinoor mitnahm, verließ das Glück diese Stadt. Agra verwandelte sich in einen Jagdgrund für die Rohillas, Jats, Marathen und Briten. Die Welt aber erinnert sich an Agra als die Stadt des Taj Mahals, des schönsten Geschenkes, das Shahjahan seiner ehemaligen Hauptstadt hinterlassen hat.

Babur war enttäuscht von Agra. Seine persische Liebe für schöne Gartenanlagen und Pavillons war über das Bild, das sich seinen Augen bot, entsetzt.

Er beschloß, zuerst einen Garten anzulegen, konnte aber keinen geeigneten Ort finden. In der Baburnama ist sein Entsetzen über den Wassermangel, den Staub und die Hitze, die ihn überall in Indien verfolgten, aufgezeichnet. Erinnerungen an Kabul und Samarkand ließen ihn an seiner damaligen Lage verzweifeln. "Einer der größten Nachteile Hindustans" schrieb Babur, "das fehlende, fließende Wasser, erinnerte mich daran, daß Wasser mittels Räder überall dort, wo ich mich niederlasse, zum Fließen gebracht werden muß, damit der Boden für die Gärten ordentlich vorbereitet werden kann."

Aram Bagh Nach einem seiner eigenen Pläne legte Babur den Grundstein für Chai Bagh. Heute Aram Bagh genannt, war diese die erste der großartigen Gartenanlagen der Mogulen in Indien. Inmitten blühender Bäume und Obstbäume befanden sich Terassen, Teiche, Pavillons und erhöhte Plattformen. Dieser Garten wurde später von Humayun fertiggebaut und als Jehangir ihn seiner Königin schenkte, fügte man ein *Baradari* mit Wandmalereien auf der höchsten Terasse am Ufer hinzu. Der Brunnen, der die vielen Fontänen und Kanäle mit Wasser versorgte, wurde in der westlichen Ecke ausgehoben.

Baburs Garten war eine Nachahmung seines Lieblingsgartens in Kabul und von der Pracht eines persischen Teppichs. Man pflanzte Zitrusbäume, Orangenbäumchen, Zypressen und Pappeln. Auch Weintrauben wuchsen hier im Überfluß. Inmitten dieses Paradieses pflegte der erste Mogulenherrscher zu sitzen und Besucher zu empfangen, Staatsangelegenheiten zu regeln, Lesungen oder Musik zu lauschen und sein Lieblingsgetränk Arrak zu genießen. Der Fluß floß still unterhalb dieser Terassen, wo Babur in seinen herrlichen Pavillons, die von wunderschönen Baldachinen beschattet wurden, von Kabul und Samarkand träumend, saß.

Man kann heute noch Überreste einstiger Bauten, Brunnen, Wasserleitungen und Kanäle, auch kleiner achteckiger Plattformen sowie Terassen sehen. Kaum erkennbare Spuren der Blumenmotive an Jehangirs *Baradari* erinnern an Tage vergangener Herrlichkeit, als hier königliche Gesellschaften stattfanden, die Haremsschönheiten die frische Luft genossen und sich vergnügten. Zehra Bagh und Dehra Bagh, die zwei anderen Gärten Baburs, sind spurlos verschwunden. Babur nannte Aram Bagh 'Gul Afshan.' Später wurde er zu Jehangirs Zeit in Nur Afshan umbenannt. Babur wurde zunächst in diesem Garten begraben, bevor man seine sterblichen Überreste nach Kabul zum Bagh-i-Wafa überführte.

Die Festung Babur, der Gründer der Mogulendynastie, regierte nur vier Jahre lang. Außer einigen Bauten im Aram Bagh ließ er nichts weiter errichten. Er war hauptsächlich damit beschäftigt, seine Macht zu konsolidieren. Der biedere Humayun verlagerte seine Hauptstadt nach Delhi, wo er Dinpanah, seine eigene Festung in der Nähe des Purana Quila errichten ließ. Nachdem Akbar die Nachfolge Humayuns angetreten hatte, kehrte er nach Agra zurück und ließ zwischen 1565-1571 auf der inzwischen verfallenen Lodi-Festung eine uneinnehmbare Festung erbauen. Die hohen, gezackten Zinnen werfen ihren schützenden Schatten auf die Villen und Paläste am Ufer. Diese rote Sandsteinfestung Akbars wurde schon bald zur großartigen Zitadelle der mächtigen Mogulen. Angelockt von ihrer Pracht trafen Scharen von Malern, Geschichtsschreibern, Ärzten, Philosophen und Kunsthandwerkern hier ein. Akbar hieß alle willkommen, so daß Agra zu einer beneidenswerten Stadt wurde.

An der Festung sind deutlich die unterschiedlichen Baustile zu erkennen. Der massive Bau aus rotem Sandstein mit schweren Eckpfeilern, verziert mit Hindumotiven ist typisch für die frühen Bauwerke Akbars. Zu Jehangirs Zeiten ging man von Sandstein zu Marmor über. Dieser Baustil erreichte unter Shahjahan seinen Höhepunkt. Im Mittelpunkt standen dabei Marmorsäulen mit wunderschönen Einlegearbeiten aus kostbaren Edelsteinen, gezackte Bögen, zartes Gitterwerk und Springbrunnen.

Überquert man die Zugbrücke und blickt man hinauf zu dem hohen Amar Singh – Tor und den großen Türmen des inneren Tores im ersten Hof, dann fällt einem sofort die riesige steinerne Schale vor dem Jehangir Mahal ins Auge, die als Bad von Nurjahan verwendet wurde, die diese mit Wasser und Rosenblüten füllen ließ. Auch heute noch erweckt sie das Erstaunen und die Neugierde der Besucher.

Der Jehangir Mahal ist der erste Palast, der erbaut wurde und für Akbars Frau Jodha Bai, einer Prinzessin aus Amber und Mutter Salims, des Thronfolgers, bestimmt war. Man

Rechts: Khas Mahal in der Roten Festung von Agra, erbaut von Shah Jahan. Gegenüberliegende Seite: Aram Bagh, der erste persische Garten, der von Babur in Indien angelegt wurde.

Links: Red Fort, Agra. Oben:
Diwan-i-Aam, Red Fort, Agra.
Darüber: Jehangir Mahal, Red
Fort, Agra.

erreicht ihn durch einen eindrucksvollen Zugang. Der Innenhof ist von schönen Räumen mit üppigen Steinmetzarbeiten, elegant gearbeiteten, schweren Pfeilern und Deckenbalken umgeben, die von den hervorragenden Fertigkeiten der einheimischen Handwerker zeugen. Viele der Wände im östlichen Raum zieren Stuckmalereien in Gold und Blau im Stil der Perser.

Die anderen Paläste in der Nähe des Shah Burj sind heute nur noch Ruinen, die neugierige Besucher oder Kunsthistoriker anlocken. Die Fassade des Jehangir Mahals, die auf den Fluß blickt, ist in Wirklichkeit eine Veranda mit hohen, eleganten, schlanken Säulen, von wo aus man auf das Taj Mahal blicken kann.

Khas Mahal, nördlich des Jehangir Mahals, ist ein großartiger Palast aus weißem Marmor, der vor dem Anguri Bagh steht. Er ist von hübschen Pavillons mit den berühmten bengalischen vergoldeten Kupferdächern umgeben, die auch an den Gemächern Jehanaras zu finden sind. In seiner nördlichen Ecke befindet sich der Sheesh Mahal, das Bad der Damen, das bunte Glasstückchen und ein Springbrunnen schmücken. Betreten Sie den geräumigen Khas Mahal und werfen Sie einen Blick durch die kunstvoll gearbeiteten Gitterfenster auf den sich durch die Landschaft schlängelnden Yamuna und das Taj Mahal! In der Festung selbst sind es große Höfe und Gärten, die ein Gefühl der Weite aufkommen lassen und dieser Pracht eine neue Dimension hinzufügen.

Weiter nördlich erreicht man über Geheimgänge den Musamman Burj, den Jasminturm, die überaus reich verzierten Gemächer und Balkons, die poetisch als "feenhafte Gebilde" beschrieben werden, die an den düsteren Festungsmauern zu hängen scheinen. Der Stil der Pietra Dura Arbeiten ist typisch für die Ära Jehangirs. Versuchen Sie, sich die Privatgemächer der zwei schönsten Königinnen, Nur Jehan und Mumtaz Mahal vorzustellen, ausgestattet mit den herrlichsten persischen Teppichen, prächtigen Baldachinen, schönen Sklavenmädchen, einem Bächlein, das lustig in das Marmorbecken mit seinem Springbrunnen plätscherte und Kaiser als liebevolle Ehemänner. Der Jasminturm ist auch heute noch das großartigste Bauwerk der Festung von Agra. Hierher wurde Shahjahan von Aurangzeb, seinem Sohn, verbannt. Er hielt seinen Vater hier eingesperrt, der seine letzten Lebensjahre damit verbrachte, auf sein geliebtes Taj Mahal zu blicken, mit niemandem zur Gesellschaft als seiner einzigen

Rechts: Das Innere des Musamman Burj mit Marmorbecken, Red Fort, Agra. Gegenüber, oben: Ein Gartenpavillon mit Kupferdach in der königlichen Einfriedung in der Nähe des Khas Mahal, Red Fort, Agra.

1. Amar Singh Tor
2. Delhi Tor
3. Hathi Pol
4. Jehangir Mahal
5. Diwan-i-Aam
6. Machli Bhawan
7. Diwan-i-Khas
8. Musamman Burj
9. Khas Mahal und Anguri Bagh
10. Sheesh Mahal
11. Moti Moschee
12. Palast
13. Terasse
14. Wachttürme
15. Der Yamuna
16. Wassertor

Die Rote Festung vom Fluß gesehen

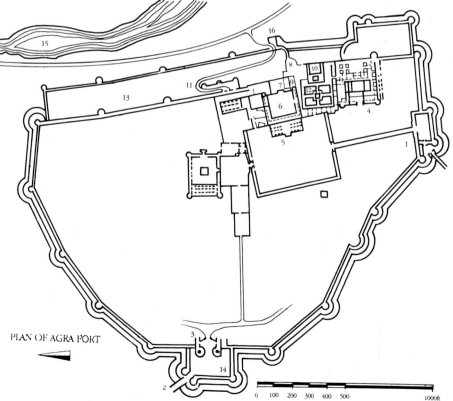

PLAN OF AGRA FORT

0 100 200 300 400 500   1000ft

Tochter Jehanara und Erinnerungen an seine tote Gemahlin.

Diwan-i-Khas steht auf einer Terasse über dem Musamman Burj. Es ist eine kleine aber prächtige Halle mit doppelten Marmorsäulen, die wunderschöne Blumenmotive zieren. Auf der Terrasse stehen zwei steinerne Throne. Der schwarze Thron war für Salim bestimmt, der sich Elefantenkämpfe am Ufer vor den Festungsmauern anschaute.

Machchi Bawan oder das Fischhaus, das der Diwan-i-Khas gegenüber liegt, ist ein großer, tiefliegender Hof mit Pavillons an allen vier Seiten, die als Harem dienten. Den nördlichen Eingang dieser Einfriedung schmücken Torbögen, die von Chittore hierhergebracht wurden, nachdem Akbar diese als uneinnehmbar geltende Festung der Rajputen erobert hatte. In der nordwestlichen Ecke steht eine kleine Moschee, die ausschließlich für die königlichen Damen und später für Shahjahan, nachdem er hier gefangen gehalten wurde, bestimmt war. Der Meena Bazar, wo Königinnen, Prinzessinen und Haremsfrauen mit dem Kaiser und den Prinzen um die Wette feilschten, befand sich nördlich vom Chittore-Tor. Hier lernte Jehangir Nur Mahal, die spätere Nurjahan kennen und Shahjahan traf hier Arjamand Bano, die zukünftige Herrin des Taj.

Versteckte Treppen führen zur Diwan-i-Aam, der großartigen Audienzhalle für die Öffentlichkeit mit hohen, schlanken Sandsteinsäulen, die mit den feinsten Stuckarbeiten überzogen und mit Gold verziert waren. Hier stand einst manch stolzer Raja mit vor Ehrfurcht geneigtem Haupt vor dem Mogulenkaiser. Botschafter und Gesandte überreichten ihre Empfehlungsschreiben und Adlige und Großfürsten standen schweigend vor ihrem Herrscher. Tavernier, Gast am Mogulenhof, berichtet sehr anschaulich über die Vorgänge in der Diwan-i-Aam. Der Kaiser vertrat den "Schatten Gottes", und die Höflinge standen schweigend vor dem Thron des Herrschers, der reich verziert war. Noch weiter nördlich befindet sich die Moti Masjid, eine großartige Moschee aus weißem Marmor, von Shahjahan erbaut. Die Moti Masjid ist für ihre gut ausgewogenen Proportionen und die harmonische Kombination baulicher Elemente, wie ihre drei Marmorkuppeln, die von einer Reihe kleinerer Kuppeln umgeben sind, berühmt. Ihr rotes Sandsteinäußeres kontrastiert herrlich mit dem blendend weißen Marmor im Inneren.

Der alte Brunnen vor der Diwan-i-Aam und das Salimgarh, ein kleiner, doppelstöckiger Pavillon aus rotem Sandstein, sind die einzigen Bauten aus der Lodi-Ära. Daß in der Festung kaum Paläste aus der Zeit Akbars zu finden sind, ist darauf zurückzuführen, daß Jehangir und Shahjahan viele alte Gebäude an der Ostseite durch neue Paläste und Pavillons aus Marmor ersetzen ließen.

Fatehpur Sikri Bald schon nach seiner Thronbesteigung in Delhi verlegte Akbar seine Hauptstadt nach Agra. Er festigte das noch junge, von Babur und Humayun gegründete Reich und seine Beziehungen zu den Rajputen, indem er in ihre Familien einheiratete. Er hatte aber keinen Sohn. Mit dem Segen des Sheikh Salim Chisti von Sikri, wurde sein erster Sohn, Salim, den er nach diesem Heiligen benannte, geboren. In Dankbarkeit beschloß Akbar seine neue Stadt auf dem Bergrücken zu bauen, auf dem der Heilige lebte. Sie blickt auf die Ebene, in der Akbars Großvater gegen Rana Sangha und seine Rajput-Alliierten gekämpft hatte, um mit den ständigen Bedrohungen gegen das junge Mogulenreich endgültig Schluß zu machen. Die stillen und kahlen Hügel von Sikri hallten wider vom Lärm der Hämmer und Meißel tausender Kunsthandwerker, die aus fernen Ländern hierhergekommen waren. Eine ganze Bevölkerung siedelte auf diesen Bergrücken um, wo sich von großen Höfen umgebene Paläste erhoben und ein kaiserlicher Traum zur Wirklichkeit geworden war. Das war die Stadt Sikri, nach Akbars Eroberungen im Gujarat und Dekkan Fatehpur genannt.

Paläste, Pavillons und Moscheen spiegelten die Macht des Mogulenreiches wider. Indem man die besten baulichen Traditionen der Rajputen und Mogulen hier miteinander vereinte, stellen die Bauwerke von Sikri eine echte Synthese zweier sehr unterschiedlicher aber herrlicher Traditionen dar. Hier in Sikri war es, wo Akbar Diskurse mit Mullahs, Sadhus und Priestern hielt. Islamische, hinduistische und Jesuiten-Missionare führten mit ihm regelmäßig Diskussionen, die zur Formulierung von Akbars Din-i-Illahi, einer neuen Religion, führten. In den Korridoren von Sikri herrschte eine Atmosphäre des gegenseitigen Verständnisses, Mitgefühls und der Leidenschaft, Akbar verstand es gut, die Menschen glücklich zu machen und für einen guten Zusammenhalt zu sorgen. Er war ein hervorragender Diplomat und stand mit beiden Beinen fest auf dem Boden der Wirklichkeit.

FATEHPUR SIKRI COMPLEX

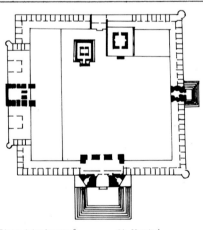

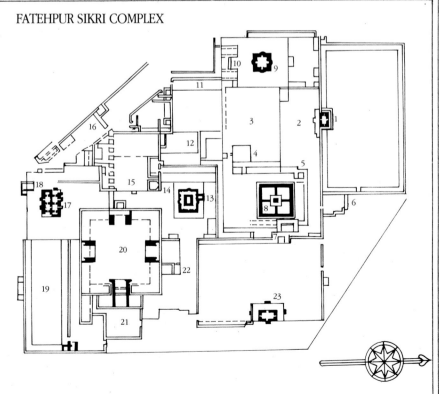

1. Diwan-i-Am (court of public audience)
2. Turkish Sultana's garden
3. Pachisi Court (court of games)
4. Girl's school
5. Turkish Sultana's house
6. Turkish Sultana's bath
7. Khwahgah (Emperor's sleeping quarters)
8. Char chaman
9. Diwan-i-Khas (court of private audience)
10. Ankh michauli (Emperor's study)
11. Hospital
12. Panch Mahal
13. Miriam's house
14. Miriam's bath
15. Miriam's garden
16. Nagina Masjid
17. Birbal's house
18. Hospital
19. Stables
20. Jodha Bai's palace
21. Bath
22. Guardhouse
23. Daftar Khana (administration and archies)

Betritt man diese Stadt durch das Agra Tor, eines der neun Tore, die den Zugang kontrollierten, trifft man zunächst auf die Diwan-i-Aam, wo Akbar Audienz gab, sich Petitionen anhörte, Recht sprach und sich unterhalten ließ. Es handelt sich um einen weiträumigen Hof, der an drei Seiten von Arkadengängen umgeben ist. Der königliche Balkon, der sich zwischen zwei steinernen Gittern befindet, ist sehr beeindruckend.

Akbars Gegenwart allein genügte, um in den Menschen Vertrauen und Ehrfurcht zu erwecken.

Vor dem königlichen Sitz ist ein steinerner Haken im Boden verankert. Laut Legende, band man hier Akbars Lieblingselefanten, Hiran genannt, fest, der die für schuldig Befundenen unter seinen Füssen zertrampelt haben soll. Falls das Tier dreimal hintereinander den Befehl verweigerte, wurde das Opfer freigesprochen. Riesige Menschenmengen pflegten sich zur Darbar einzufinden, um einen Blick auf Akbar zu werfen, der eine ganze Stadt auf einem verlassenen Berg erbaut hatte; eine Stadt, die grösser als das damalige London war. Diwan-i-Khas, wo Akbar rechtswissenschaftliche, politische und religiöse Diskurse führte, ist ein kleines Bauwerk im Hof hinter der Diwan-i-Aam. Von aussen betrachtet wirkt es wie ein zweistöckiger Bau, ist aber in Wirklichkeit nur einstöckig mit einer hohen flachen Decke, in dem das bemerkenswerteste Stück der Mogulenarchitektur zu finden ist. Es handelt sich um eine Säule in der Mitte des Raumes, die sich oben in 36 Arme verzweigt, auf denen eine runde Plattform mit vier Armen ruht. Man sagt, dass Akbar seine Din-i-Illahi auf diesem königlichen Sitz formuliert haben soll.

Die königliche Schatzkammer befindet sich direkt neben der Diwan-i-Khas. Ein kleiner Pavillon davor zieht aufgrund seiner kunstvollen *Torana*-Ornamentation die bewundernden Blicke der Besucher auf sich. Hier, so glaubt man, soll der Hofastrologe gesessen haben. Im Hof vor diesem Gebäude spielte Akbar mit seinen Sklavenmädchen *Pachisi*.

An der westlichen Seite dieses Hofes steht Panch Mahal, ein fünfstöckiger Pavillon, der wie das Skelett eines herrlichen Gebäudes wirkt. Es ist ein persischer Windturm, wo die Haremsdamen eine kühle Brise am Morgen und Abend geniessen konnten. Die auf jedem Stockwerk unterschiedlich gestalteten Säulen sind elegant und hervorragend gemeisselt. Die Jali-Gitter, die früher die Damen vor den Blicken Fremder schützten, wurden zu Beginn dieses Jahrhunderts bei Renovierungsarbeiten entfernt. Von der letzten Etage bietet sich ein herrlicher Blick auf die Landschaft von Sikri.

In der südlichen Ecke dieses königlichen Hofes befindet sich der Anup Talao, ein Wasserbecken, wo der sagenumwobene Tansen, Akbars Hofmusiker, auf einer Plattform im Zentrum sass und wunderbare Ragas spielte. Die Wohnräume des Kaisers befinden sich auf der gegenüberliegenden Seite. Die steinerne Plattform auf Säulen war das königliche Bett und das kleine Fenster diente zur 'Jharoka darshan'. Es gab viele Menschen, die weder aßen noch tranken, bevor sie nicht täglich einen Blick auf ihren Herrscher geworfen hatten. Sehr einfach gehalten, befand sich in diesem Gebäude auch die königliche Bibliothek mit seltenen Manuskripten und Gemälden.

Goldmünzen, die in Fatehpur
Sikri gefunden wurden.

Das faszinierendste Bauwerk ist der Türkische Sultana-Palast, der für Akbars Königin türkischer Abstammung bestimmt war. Es ist ein kleiner Raum, umgeben von einer Veranda aus rotem Sandstein, dessen Wände, Dachkanten und Sockel mit wunderschön gemeisselten geometrischen und Blütenmustern verziert sind, die einen starken chinesischen Einfluss erkennen lassen.

Der Palast Jodha Bais ist ein düster wirkendes und von einer hohen Mauer eingeschlossenes Bauwerk, das von einem imposanten Tor geschützt wird. Die Haremsgemächer gruppieren sich um den grossen Hof und sorgten für die absolute Zurückgezogenheit der Königinnen und Prinzessinnen. Schwere Schmuckpfeiler und Nischen nahmen die Idole der Hindugottheiten auf, die von den Bewohnerinnen des Harems verehrt wurden. In der Mitte des Hofes befand sich in einem steinernen, quadratischen Topf die Tulsi-Pflanze.

An einem anderen, kleinen Gebäude, Mariam Maharanis Palast, können noch Spuren einstiger Wandmalereien entdeckt werden. Dieser Palast gehörte Hamida Banu, Akbars Mutter. Hinter ihm befinden sich die Gärten für die Haremsdamen.

Hinter Jodha Bais Palast steht ein kleines, doppelstöckiges Gebäude mit schön gearbeiteten Wänden und eleganten Eckpfeilern, das Birbal, einem der neun sog. Edelsteine am Hof Akbars gehört haben soll. Das ist aber unwahrscheinlich, da es sich als Haus eines

Gegenüberliegende Seite, oben:
Buland Darwaza, Fatehpur Sikri,
Agra.

Ministers zu nahe am Harem befindet. Das königliche Gestüt befindet sich vor diesem Haus.

In der nördlichen Ecke von Sikri befindet sich eine kleine Moschee für die Damen und ein Langer-Khana (Almosenhaus). Der schmale Pfad führt zum Hathi Pol, einem Tor, das von 2 riesigen steinernen Elefanten, die mit verschlungenen Rüsseln auf zwei hohen Sockeln stehen, bewacht wird. Diese Figuren sind stark beschädigt, das Tor aber wirkt noch immer grossartig, und ist bereit, das königliche Gefolge in die Stadt hineinzulassen. Der grosse See ist inzwischen ausgetrocknet. Der *Baoli* vor dem Hathi Pol gehörte zum Wasserversorgungsnetz von Sikri. Dieser achteckige Bau befindet sich noch in erstaunlich gutem Zustand. An einigen Stellen sind noch Stücke alter Rohrleitungen und Aquädukte zu erkennen. Das Hiran Minar soll ein Denkmal für Akbars Lieblingselefanten sein. Bemerkenswert an ihm sind die eintausend steinernen Stoßzähne, die diesen Turm zieren. Gehen Sie zurück zur Stadt und biegen Sie nach rechts ab. Hier stehen die Ruinen öffentlicher Gebäude, wie Karawanseraien, Ställe, Schulen usw. Das einzige Gebäude, das durch seine Schönheit auffällt, ist das grossartige Landhaus des Abdul Fazl und seines Bruders Faizi, das in einer Einfriedung im Schatten der Sikri-Moschee steht.

Die Moschee erhebt sich auf dem höchsten Punkt von Sikri. Ihr Hof konnte zehntausend Gläubige aufnehmen. Das östliche Tor war ausschliesslich für den Herrscher bestimmt. Die drei Kuppeln der Moschee sind einfach aber sehr elegant. Diese Moschee ist nicht für ihre äußerliche Schönheit berühmt, sondern für ihr herrliches Innere. Nach dem Vorbild der Bibi Khanam-Moschee von Samarkand gestaltet, ist es die prächtigste Moschee unter Akbars Bauwerken. Überall, wohin das Auge schaut, auf Wände, Bögen, Decke, *Mihrab*, erblickt man unübertroffen schöne Arbeiten. In den frühen Morgenstunden, wenn die Sonnenstrahlen auf den steinernen Boden fallen, leuchtet das Innere hell in ihrem Glanz auf.

Das exquisite kleine Grabmal des Sheikh Salim Chisti ist das einzige Bauwerk aus weißem Marmor auf diesem Hof. Die Jali Wände am Grabmal dieses Heiligen, die aus ganzen Marmorblöcken gemeisselt wurden, sind die wunderbare Leistung erfahrener Steinmetzen. Auch die Eckpfeiler des Portals wurden aus ganzen Marmorblöcken herausgemeißelt. Die geschwungenen Dachkanten sind faszinierend in ihrer Perfektheit. Der schönste Teil dieses Grabmals ist der Ebenholzrahmen über dem Grab, das völlig mit Perlmutt bedeckt ist. Im Halbdunkel der Grabkammer erstrahlt der Sarkophag in ungewöhnlicher Pracht. Das Originalgrab befindet sich darunter, im Keller und darf von Besuchern nicht betreten werden. Kinderlose Paare kommen hierher, um zu beten und einen roten Baumwollfaden an das steinere Gitterwerk zu binden. Geht ihr Wunsch in Erfüllung, kehren sie noch einmal hierher zurück.

Dieser Heilige starb im Jahre 1571. Zehn Jahre später ließ Akbar dieses Grabmal errichten. Kurze Zeit darauf kehrte der Kaiser Sikri für immer den Rücken. Die Stadt wurde aufgegeben, nicht aber das Grabmal des Heiligen. Bis heute ist es der lebendige Teil der Geisterstadt geblieben, wo die Seele eines Heiligen ruht, der den Menschen ihren Weg erhellte und ihr Leben mit Liebe erfüllte.

1575 fügte Akbar das Bulund Darwaza, sein letztes und spektakulärstes Bauwerk, ein Riesentor an der Mauer südlich des Grabmals, hinzu. Das Bulund Darwaza soll an Akbars triumphierende Rückkehr nach seiner Eroberung Gujarats erinnern. Dieses Portal hat eine Gesamthöhe von 175 Fuss. Vom Konzept her persisch, beherrscht dieses Tor aus rotem Sandstein die Landschaft in einem Umkreis von vielen Meilen.

Die Arabesken und Lotusmotive stellen eine selten anzutreffende Kombination zweier unterschiedlicher Baustile dar. Dieser grosse Triumphbogen ist mit Hufeisen und Metallstückchen bespickt – Opfergaben von Besuchern, die sich Besserung für ihre kranken Tiere wünschen.

Eine Inschrift in Nask übermittelt die folgende Botschaft: "Die Welt ist nur eine Brücke. Überquere sie, baue aber kein Haus auf ihr". Der König, dessen Stolz ihn anspornte, diesen hohen Triumphbogen zu bauen, besaß also doch noch eine gewisse Demut.

Westlich vom Bulund Darwaza befinden sich einige alte Bauwerke, die sehr baufällig sind. Das Wasserbecken wird noch immer als öffentliche Badeanstalt benützt und Jungen springen gern für ein kleines Entgelt von dieser ausserordentlichen Höhe ins Wasser. Der kleine Palast, in dem Jodha Bai Salim gebar, ist heute eine Werkstatt.

Die Moschee der Steinmetzen, die nach Aufnahme der Bauarbeiten in Sikri als erstes

Der Mogulenkaiser Jehangir

Gegenüberliegende Seite, oben: Der große Hof von Fatehpur Sikri, Agra. Unten: Mit Skulpturen verzierte Wandverkleidung im Türkischen Sultana Palast, Fatehpur Sikri, Agra. Nächste Seite: Blick vom Sitz des Hofastrologen auf den Panch Mahal, Fatehpur Sikri, Agra.

errichtet wurde, ist ein verlassener Ort. Die steinerne *Baradari* des Raja Todar Mal steht hinter der Stadtmauer und ist heute nur noch eine Ruine.

Akbar kehrte Fatehpur Sikri 15 Jahre nach seiner Vollendung im Jahre 1585 für immer den Rücken. Man sagt, daß das Klima oder der Tod des Heiligen daran schuld waren und daß Akbar sich ohne seinen geistigen Lehrer hier einsam fühlte. Wahrscheinlich aber brauchte das sich ständig vergrössernde Reich eine Hauptstadt, die zentraler gelegen war. Jehangir und Shahjahan besuchten Sikri zwar einige Male, seine ruhmreichen Tage aber waren vorüber.

Sikandra Das Grabmal Akbars, des grössten aller Mogulenkaiser, steht am nordwestlichen Stadtrand von Agra. Nach dem Taj ist Sikandra das prächtigste Bauwerk Agras. Bereits von weitem, lange noch bevor man Agra erreicht, ragen seine vier Minarette über die Wipfel der Bäume hinaus und der erste Anblick des grossartigen Tores verschlägt dem Besucher die Sprache.

Man glaubt, daß Akbar mit dem Bau des Grabmals bereits zu Lebzeiten begann, ein Brauch, der von seinen Vorgängern eingeführt wurde. Als er starb, waren die Arbeiten noch nicht beendet und sein Sohn Jehangir nahm sich des Grabmals seines Vaters erst viel später an. Eine Inschrift am südlichen Tor lautet folgendermaßen: Im siebenten Jahr der Thronbesteigung Jehangirs, was dem Jahre A.H. 1021 entspricht, wurden die siebenjährigen Bauarbeiten vollendet. Man schrieb das Jahr 1613."

Ein Reisender, William Finch, berichtete 1611, daß die Wölbung des Tores bis dahin fertiggestellt war: "Das Grabmal war bei meiner Abreise noch nicht fertig, lag aber wie ein Sarg da, abgedeckt mit einem weissen Tuch, in das Muster aus Gold und Blumen eingewebt waren", und fügte hinzu, dass "das Grabmal unter einer Wölbung aus ungewöhnlichem,

Gegenüberliegende Seite: Das prächtige Gitterwerk an Salim Chisti's Dargarh, Sikri, Agra. Links: Die Nav Rattan-Säule mit den vier von ihr ausstrahlenden Verbindungsgängen in der Diwan-i-Khas, Fatehpur Sikri, Agra.

weissen und gefleckten Marmor liegen sollte, mit Einlegearbeiten aus reinem Gold." Das Vorhaben, über der obersten Terasse eine Kuppel zu errichten, wurde aufgegeben.

Akbars Geschmack ist am einfachen Aussehen der drei unteren Etagen aus dem gleichen roten Sandstein von Agra und Sikri zu erkennen. Sein dilettantischer Sohn Jehangir zog weissen Marmor vor, der überhaupt nicht zur soliden Grundstruktur passt. Das eigentliche Mausoleum steht an der nördlichen Seite des Gartens. Es handelt sich um einen pyramidenförmigen Bau. Man glaubt, daß die buddhistische Vihar–Architektur oder sogar die kambodschanische Architektur Pate stand, was rein theoretisch möglich wäre, aber in Wirklichkeit etwas weit hergeholt ist. Man betritt die Grabkammer durch den zentralen Torbogen und kommt dabei durch einen Vorraum, der mit herrlichen Stuckarbeiten verziert ist. Die Grabstätte in weißem Marmor selbst ist einfach und anspruchslos, ein Zeichen der Demut und Unterwürfigkeit. Die Jats plünderten diese Stätte und entfernten Gold und Edelsteine, die Rüstung des Kaisers, seine Kleidung und Bücher, die man ursprünglich neben sein Grab gelegt hatte. Das geschah, als das Mogulenreich sich seinem Ende zuneigte. Die Lampe aus Glockenmetall, die als einziger Schmuck an der Decke hängt, ist ein Geschenk des Lord Curzon aus dem Jahre 1905.

Die oberste Terrasse aus weissem Marmor hat schlichtes aber elegantes Gitterwerk. Auf dem Marmorsockel aus einem einzigen Block neben dem Grab stand die Lampe. Mit Blumenmotiven verziert, trägt sie die Inschrift: "Allah akbar", "gross ist Allahs Herrlichkeit."

Sikandra entstand in einer Zeit, in der man von Akbars steinernen Bauwerken zu sinnlicheren und prächtigeren Marmorbauten der Ära Jehangirs und Shahjahans überging. Jehangir äußerte sein Mißfallen über den Baustil von Sikandra und ließ viele der Bauten abreißen. Im Erdgeschoss überragt der hohe Turm des Einganges Laubengänge. Zwischen Eingang und Grabmal liegt ein 50 Hektar grosser, im persischen Stil angelegter Park mit einem Wasserkanal. Die hohe Mauer, die das Gelände umgibt, hat vier Tore.

Das südliche Tor mit vier großartigen Minaretten ist ein Bauwerk von außerordentlicher Eleganz und Schönheit. Üppige Pietra Dura-Arbeiten an den Wölbungen der Bögen und Blumenmotive bedeckten die gesamte Oberfläche des Torbogens. Später erreichten diese

Rechts: Die Jama Moschee in Fatehpur Sikri, Agra. Gegenüber, oben: Dargah des Sheikh Salim Chisthi in Fatehpur Sikri, Agra. Unten links: Pfeiler am Portico von Salim Chisti's Dargah, Fatehpur Sikri, Agra. Rechts: Hiran Minar, Fatehpur Sikri, Agra.

*Links: Akbar's Grabmal in
Sikandra, Agra.*

Arbeiten am Itmad-ud-daula und dem Taj ihren absoluten Höhepunkt. Bamber Gascoigne meinte dazu, daß dieses Tor eine grosse architektonische Leistung war. Die durch Blitzschlag beschädigten Minarette wurden im letzten Jahrhundert von englischen Bauleuten restauriert.

Es war eine Ironie des Schicksals, dass die aufrührerischen Jats Sikandra im Jahre 1688 plünderten und das Grabmal schwer beschädigten, ohne sich dabei bewusst zu sein, dass sie damit das Grab des aufgeschlossensten aller Mogulen schändeten, der religiösen Fanatismus genauso hasste, wie sie. Das, was aber die Jahrhunderte überlebt hat, ist noch immer das herrlichste Grabmal aus der Mogulenzeit.

Itmad-ud-daula Im Jahre 1626 liess Nurjahan am anderen Ufer des Jamuna für ihren Vater ein elegantes Grabmal in der Nähe des von Babur angelegten Obstgartens bauen. Dieses kleine Bauwerk steht in einer Einfriedung, ist 540 Fuss hoch und hat vier grossartige Eingänge. Das westliche Tor führt zum Fluss hinunter. Dieses Mausoleum stellt den Wendepunkt der Mogulenarchitektur dar und kennzeichnet den Übergang von Akbars männlichem Baustil in rotem Sandstein zu den wunderschön verzierten Arbeiten Jehangirs und Shahjahans aus weissem Marmor. Das Mausoleum ist quadratisch und steht auf einer Plattform. Die Grabkammer ist eine rechteckige Halle, an die sich vier achteckige Räume anschliessen. Decke und Wände sind über und über mit Bildern aus geometrischen und Blumenmotiven verziert. Die rechteckigen Türme in jeder der vier Ecken krönen kleine Kuppeln. Ein kleiner Pavillon, der von steinernem Gitterwerk umgeben ist, steht auf dem flachen Dach dieses einem Schmückkästchen ähnelnden Bauwerkes.

Von baulicher Bedeutung sind die Simse, Tragsteine und breiten, überhängenden Dachkanten, die Schatten spenden und ein wunderbares Licht-Schattenspiel auf dem weissen, mit bunten Edelsteinen eingelegten Marmorboden bewirken. Die Grabsteine sind aus grünlich-gelb schimmerndem Marmor und fast zu prächtig für ein Grab. Der Fussboden ist ein herrlicher Perserteppich aus Einlegearbeiten in Stein. Das sind aber nicht etwa Pietra Dura-Arbeiten aus bunten Steinstückchen, mit denen die ausgemeisselten Hohlräume in Sikandra gefüllt wurden, sondern hier wurden Edelsteine wie Lapislazuli, Onyx, Jaspis, Topaz und Karneol zu exquisiten Blütenmustern zusammengefügt.

Der Garten ist im Stil des mogulischen Char Bagh angelegt und nochmals in vier kleinere Quadrate unterteilt. Die vier roten Sandsteintore sind mit schönen Mosaikarbeiten aus weissem und buntem Marmor verziert und bilden einen herrlichen Kontrast zum Hauptgebäude aus Marmor, das sich im Wasserkanal des Gartens widerspiegelt.

Nurjahan, Jahangirs Königin, war eine ausserordentliche Schönheit und kluge Verwalterin. Ihr Vater, ein Höfling, der vom persischen Hof geflüchtet war, wurde Jehangirs Ministerpräsident und auf Itmad-ud-daula (Säule des Staates) getauft. Seine Tochter beschloss, ihm ein Mausoleum aus reinem Silber zu bauen, verwarf aber diesen Plan aus Angst vor Dieben und verwendete schliesslich weißen Marmor.

Das Itmad-ud-daula-Grabmal ist nicht wegen seiner Grösse berühmt, sondern für seine Verzierungen, naturalistischen Blumenmotive, Obst und Zypressen im Stil der Perser. Die Wahl der wunderschönen Steine, mit denen die Oberfläche geschmückt ist, geschah nach ihrer Textur, so dass die Mosaikarbeiten sich mit geschlossenen Augen wie Braille anfühlen. In der Grabkammer ist es dunkel und die Pracht der bemalten Kuppel bleibt den Augen verborgen. In der Nähe des Itmad-ud-daula steht Chinia Roza, ein Grabmal, das mit Keramikfliesen verziert ist. Im Jahre 1635 erbaut, gehört es dem Allama Afzal Khan Mullah Shukrulla von Shiraz, Dichter, Ratgeber und Ministerpräsident am Hof Shahjahans. Dieses achteckige Bauwerk ist heute nur noch eine Ruine. Erste Reparaturen, um ein plötzliches Einstürzen zu vermeiden, haben Verzierungen in türkisfarbenen, blauen, grünen und gelben Keramikfliesen im Stil der Perser freigelegt. Kein anderes Grabmal oder Baudenkmal in Agra oder Delhi kann sich solch herrlicher Dekorationen rühmen, deren Pracht unvorstellbar gewesen sein muss. In der einzelnen Halle mit ihrer hohen Kuppel befindet sich der Sarkophag, an dem nichts mehr von seiner Marmor- oder Sandsteinabdeckung zu sehen ist und nur die hohe Doppelkuppel noch grossartig wirkt.

Jama Masjid Eine der schönsten Moscheen der Stadt ist die Jama Masjid, die Jahanara Begum im Jahre 1648 erbauen liess. Diese Moschee fällt durch die fehlenden Minarette, vertraute Merkmale der Mogulenarchitektur, auf. Die Kuppeln aus rotem Sandstein sind mit

Gegenüberliegende Seite, oben: Herrliche Stuckarbeiten an der Decke des Grabmals in Sikandra, Agra. Unten: Besucher am Tor von Sikandra, Agra.

einem Zickzackmuster aus Marmor verziert. Die gestreckte Form der Kuppeln an der nördlichen und südlichen Wand verleihen der Moschee einen ganz besonderen Reiz. Es handelt sich um Agras meist besuchte Moschee, die von einem geschäftigen Markt umgeben ist.

Taj Mahal Das Taj ist das schönste, romantischste, zauberhafteste und am häufigsten fotografierte Bauwerk der Welt, das Menschenhände je geschaffen haben. Ganz gleich, wann man hierher kommt, ob in den glühend heißen Sommermonaten, im kühlen Winter oder zur Regenjahreszeit, immer drängen sich im Taj Besucher, Liebespärchen, Jungverheiratete, Alt wie Jung, Arm wie Reich. Sie alle sind hier, um mit eigenen Augen das Werk eines von der Liebe zu seiner toten Frau inspirierten Kaisers zu bewundern. Und so steht es heute genauso wie damals, 1652, als die weiße Perlenkuppel stolz ihr Haupt in den azurblauen Himmel hob, "stolze Leidenschaft der Liebe eines Kaisers", wie Edwin Arnold es nannte. Das Taj hat noch niemanden enttäuscht. Der erste Blick auf das Mausoleum durch den Torbogen am Eingang ist in der Tat zauberhaft.

Zunächst erst einmal die Fakten. Shahjahan war bereits als Prinz von der lieblichen Nichte Nurjahans, Arjamand Bano entzückt, die er später auch heiratete. Sie erhielt den Namen Mumtaz Mahal, "Erhabene des Palastes". Sie starb im Jahre 1631 bei der Geburt ihres vierzehnten Kindes. Er aber hatte ihr bereits versprochen: keine Kinder mehr und das schönste Denkmal, das ein Mann je für seine Gemahlin gebaut hat. Sechs Monate nach ihrem Tod brachte er ihre sterblichen Überreste von Burhanpur im Dekkan, wo sie ihren letzten Atemzug getan hatte, nach Agra, beerdigte sie vorläufig am Fluß und ließ mit den Arbeiten für ein Bauwerk beginnen, das das schönste Denkmal der Welt werden sollte.

Shajahan mobilisierte sämtliche Mittel, um das teuerste und beste Baumaterial zu beschaffen. Weißer Marmor aus Makrana in der Nähe von Jodhpur, Karneol aus Baghdad, Türkise aus Tibet und Persien, Malachit aus Rußland, Diamanten und Onyx aus Zentralasien. Fast 20.000 Männer und Frauen arbeiteten 12 Jahre lang unter Aufsicht der berühmtesten Meisterhandwerker, und der Architekten Ustad Ahmad Lahori, Mulla Mushid aus Persien und Muhammad Afandi aus der Türkei. Der Kaiser hatte die schönsten Bauwerke Indiens besichtigt und dabei hauptsächlich am Grabmal Humayuns, seines Urgroßvaters, und am Grabmal des Abdul-Rahim Khan-i-khan, die beide in Delhi waren, Gefallen gefunden. Das Design war rein einheimischer Art und Shahjahan überwachte persönlich die Bauarbeiten bis ins kleinste Detail. Das Ergebnis dieses ungewöhnlichen Unternehmens im Namen ewiger Liebe und Treue war dieses liebliche Bild, das Taj Mahal.

Das Tor am Eingang ist das prächtigste Portal, dessen sich ein Bauwerk rühmen konnte und liegt genau auf der Mittellinie der Anlage. Dieses massive Tor, zu dem 2 Reihen von Arkadengängen führen, die als Markt und Serai dienen, ist selbst eine bemerkenswerte bauliche Leistung. Der rote Sandsteinbau hat einen großen Bogen, der von einem rechteckigen Rahmen mit kalligraphischen Ausschmückungen aus dem 89. Kapitel des Korans eingerahmt wird. Die 26 Kuppeln aus weißem Marmor verleihen dem Bauwerk ein erhabenes Aussehen. Die Blütenarabesken auf den Bogenkanten sind nur ein Vorgeschmack ähnlicher Verzierungen am Taj selbst. Eine Inschrift sagt das folgende: "Betritt es als einer seiner Diener und gelange in Seinen Garten." Das ist das Tor zum Paradiesgarten auf Erden, wo das Profane endet und der Besucher heiligen Boden betritt. Die riesigen Silbertore und 110 Nägel mit Shahjahans Silbermünzen, die diesen Torbogen zierten, wurden von den Jats geraubt, als das Mogulenreich im 18. Jahrhundert zerfiel. Das jetzige Messingtor wurde im darauffolgenden Jahrhundert angefertigt.

Der erste Anblick vom Taj durch dieses Tor ist weltberühmt. Das Taj ist von hier aus etwa 900 Fuß entfernt und erhebt sich, scheinbar schwebend, über der Erde. Es handelt sich um eine einfache Manipulation der Perspektive. Die massive Marmorkuppel scheint zum Greifen nahe und zieht den Besucher unweigerlich zu sich hin. Gleich unterhalb des Tores befinden sich die Wasseranlagen mit ihren wunderbaren Fontänen. Der Garten ist im bekannten Char Bagh-Stil angelegt. Der wie eine Achse durch die Anlage führende Wasserkanal endet im Hauz-i-Kausar, dem erhöht liegenden Becken im Mittelpunkt der vier quadratischen Teile des Gartens. Die vier großen Quadrate sind noch einmal in vier kleinere, also insgesamt 16 Quadrate, eingeteilt. Jedes Quadrat war ursprünglich mit vierhundert Blumen bepflanzt. Die Wasserwege und das in der Mitte erhöht gelegene Lotusbecken spiegeln die makellose Schönheit dieses Grabmales wider. Die Zypressen, die den Wasserkanal säumen,

Gegenüberliegende Seite, oben: Das Grabmal Itmad-ud-daula's, von seiner Tochter Nur Jahan erbaut, Agra. Unten: Die von Jahanara erbaute Jama Moschee, Agra.

symbolisieren den Tod und die blühenden Bäume das Leben.

Die hohen Mauern, die die Anlage umgeben, sind aus rotem Sandstein und bilden einen passenden Kontrast zum üppigen Grün des Gartens. Das war die Oase voller Grün, Wasser, Obst, Bäumen und Fontänen, das den Kriegern Timurs aus der Wüste Zentralasiens versprochene Paradies.

Die Kuppel winkt von jeder Ecke des Gartens verführerisch die Besucher zu sich heran. Während man sich dem Mausoleum nähert, enthüllt dieses weiße Traumgebilde ganz allmählich seine Schönheit, die klassische Reinheit seines Baustils, von dem auch nicht das kleinste, unnötige Detail ablenkt.

Das Mausoleum steht auf einer quadratischen, marmornen Plattform von 22 Fuß Höhe und 313 Fuß Breite. Die Plattform aus rotem Sandstein hat selbst eine Höhe von sechs oder sieben Fuß und hebt das Bauwerk über Augenhöhe hinaus. Eine elegante Flucht von Treppen führt zu der marmornen Plattform hinauf in eine andere Welt.

Das eigentliche Bauwerk ist ein Quadrat, von dem man die Ecken abgeschnitten hat, sodaß es ein Achteck bildet. Diesem schließt sich ein kleineres Achteck an und im mittleren Achteck befinden sich die Grabkammern. Das ist ein typisch persisches Design, das man bereits vorher in Humayuns und Khan-i-Khanans Grabmal in Delhi verwendet hatte. Auffallend ist das Rechteck, das den Gewölbebogen einrahmt, eine Form, die sich an unterschiedlichen Stellen oft wiederholt: an Toren, Nischen, am Gitterwerk der Türen, Fenster, Kuppeln, an den Zierbändern, den Türnischen, neben den Ecktürmen und am marmornen Podium, auf dem das Mausoleum steht.

Der Bogen ist das wichtigste Element des Taj, wie in der islamischen Architektur überhaupt und kalligraphische Bänder mit Inschriften aus dem Koran, die wunderbar von Abdul Haq Shirazi in Naksh ausgeführt wurden, verleihen ihm eine verstärkte geistige Bedeutung. Die kalligraphischen Buchstaben scheinen unten wie oben die gleiche Größe zu haben, tatsächlich aber werden sie mit zunehmender Höhe größer. Die Wände des Mausoleums wirken zunächst blendend weiß, bei näherem Hinschauen aber entfaltet sich eine herrliche Welt voller wunderbarer, eleganter Verzierungen. Auf den unteren Wänden des Postaments sind weiße, marmorne Schwertlilien, die Blume des Todes, eingerahmt von eleganten Lilien- und Tulpenmotiven zu finden. Diese Täfelungen schmücken die untere Mauer des Mausoleums.

Man betritt das Mausoleum durch das südliche Tor. In dem achteckigen Raum direkt unter der Kuppel befindet sich das Grabmal Mumtaz Mahals in der Mitte und Shahjahans links davon. Die bunten Schatten sorgen für eine zauberhafte Stimmung und während sich Ihre Augen an das Halbdunkel mit seinen wunderbaren, zarten Pietra Dura-Arbeiten gewöhnen, leuchten diese Grabmäler in einer unvorstellbaren Pracht. Die Schönheit der Einlegearbeiten ist einfach unvorstellbar. Für eine einzige Blume verwendete man 35 Arten von Edelsteinen. Eine einzelne Blüte setzt sich aus bis zu 60 Karneolenstückchen zusammen. Im Licht einer Taschenlampe kommen die bunten Edelsteine ganz besonders zur Geltung.

Diese Gräber umschloß ursprünglich ein goldenes Geländer, das mit Edelsteinen verziert war und über Mumtaz' Sarkophag wölbte sich ein Baldachin aus Perlmutt. Aus Angst vor Vandalen ließ Aurangzeb sie entfernen und durch ein marmornes Gitterwerk ersetzen. Diese Gitter sind makellose Kunstwerke und der schönste Teil des Mausoleums, die nicht in Gold aufgewogen werden können, sondern "ein Triumph orientalischer Zierarbeiten sind"

Die Lampe über den Gräbern wurde von den Jats geraubt und später durch eine neue, die Lord Curzon anfertigen ließ, ersetzt, deren zartes Licht auf die Marmorgitter und den Gang, der um die Sarkophage führt, fällt. Unter dieser Halle, in einem ähnlichen achteckigen Raum, befinden sich die eigentlichen Gräber des königlichen Paares. Die Gräber zieren hervorragende Pietra Dura-Arbeiten, die der Stolz der Mogularchitektur sind. Die Jats entführten zwar die kostbaren Teppiche und anderen Dinge, die dem kaiserlichen Paar gehörten, die Grabsteine und Marmorgitter aber blieben von ihrer Habgier verschont. Die Grabkammer liegt unter einer doppelten Kuppel, die sich über dem zweistöckigen Bauwerk erhebt. Das Innere des Taj wirkt sehr intim.

Und nun stehen wir wieder auf der Plattform, wo die Kuppel das Bild beherrscht. Die Größe dieses außerordentlichen Bauwerks wird von den vier kleineren Kuppeln und den vier schlanken Minaretts, die dieses Wunder zu schützen scheinen, reduziert. Von den frühen Morgenstunden bis spät am Abend spiegelt die Kuppel die unterschiedlichen Stimmungen und Lichtverhältnisse wider und der weiße *Makrana* schimmert in unendlich

Gegenüberliegende Seite: Ein erster Blick auf das zauberhafte Taj Mahal, das großartige Mausoleum, Agra. Darüber: Ein Porträt Shahjahan's und eine interessante Reproduktion des Chibl Mahli's mit der Unterschrift Shah Jahan's unter dem königlichen Siegel.

Oben: Porträt der Königin Mumtaz Mahal, an die das Taj Mahal erinnern soll. Rechts: Taj Mahal

vielen Tönen. Die Wölbung der Kuppel und die zurückgesetzten Bögen sorgen für ein dramatisches Licht- und Schattenspiel. Die Kuppel wirkt wie eine Perle. Sie soll das Himmelsgewölbe symbolisieren und das Achteck, auf der sie ruht, stellt den Übergang von der materiellen zur spirituellen Welt dar. Die Perle ist ein Symbol für weiblichen Liebreiz und die Kuppel des Taj ist die "Verherrlichung der indischen Weiblichkeit, eine strahlende architektonische Verkörperung all dessen, was weiblich ist. . ." Die Minaretts an den vier Ecken der marmornen Plattform bilden den passenden Rahmen für dieses edle Bauwerk. Diese sich nach oben verjüngenden, 137 Fuß hohen Minaretts werden von flachen Kuppeln gekrönt, die den Stil des großen Domes am Mausoleum weiterführen.

Innerhalb der Einfriedung befinden sich zwei große Bauwerke aus rotem Sandstein, im Westen eine Moschee und im Osten ein Gästehaus. Würden diese beiden Bauten irgendwo außerhalb des Taj stehen, so wären auch sie ganz bestimmt als zwei bemerkenswerte Beispiele der Mogulenarchitektur berühmt geworden.

Am schönsten ist das Taj in den frühen Morgenstunden, wenn es wie eine gerade aus dem Schlaf erwachte, schöne Frau wirkt und sich seine zarten Linien am roten Morgenhimmel abzeichnen, wenn die Kuppel und Minarette in den Strahlen der aufgehenden Sonne aufleuchten. Und während die Sonne am Horizont höher klettert, nimmt der weiße Marmor einen gleißenden Glanz an, immer noch reizvoll und bezaubernd. Am Nachmittag wirkt ein zarter Hauch von Orange Wunder am Mausoleum und unterstreicht seinen Reiz. Zu Sonnenuntergang ist es von einer unwiderstehlichen Schönheit und während sich die Dunkelheit über die Landschaft senkt, können Sie es immer noch spüren, das Taj, Inbegriff der Liebe.

Besteigen Sie ein Boot unterhalb der Festung und lassen Sie sich zum Taj rudern, genauso wie Shajahan es einst tat. Das Mausoleum wirkt wie eine Fata Morgana in den stillen Wassern des Yamuna. Ein Dorf steht heute dort, wo Shahjahan eine Replik des Taj aus schwarzem Marmor für sich plante. Leider aber starb er schon bald, untröstlich über das Verhalten Aurangzebs, der drei seiner anderen Söhne tötete und ihn wie einen Gefangenen im Musamman Burj nur mit Jehanara zur Gesellschaft, einsperrte. Die Überreste der Unterkellerung können noch gesehen werden. Brunnen, auf denen das Fundament dieses Riesenbaues errichtet werden sollten, ragen aus dem sandigen Boden heraus. Ein einsamer Pavillon, eine lange Mauer und ein paar Plinthenoberflächen sind alle Beweis dafür, was für ein massives Fundament zum Bau eines solch riesigen Mausoleums nötig war.

Shajahan wurde neben Mumtaz Mahal im Taj selbst zur Ruhe gelegt. Sein Grab ist der einzige nicht-symmetrische Punkt eines Bauwerkes, welches sonst in jeder Hinsicht ein Beispiel makelloser Symmetrie und unglaublich feinen, perfekten handwerklichen Könnens ist.

Die leise an die Grundmauern plätschernden Wellen lassen Sie wissen, daß es doch kein romantisches Traumgebilde ist, sondern eine Metapher der Liebe aus weißem Marmor.

Gegenüberliegende Seite: Das Grab der Mumtaz Mahal, der Dame des Taj. Links: Die Grabkammer.

Unten: Nahaufnahme des
kalligraphischen und
Blütenschmucks am Taj Mahal
Rechts: Einlegearbeiten am Taj
Mahal. Rechts außen:Das
Spiegelbild des Taj Mahals im Fluß.

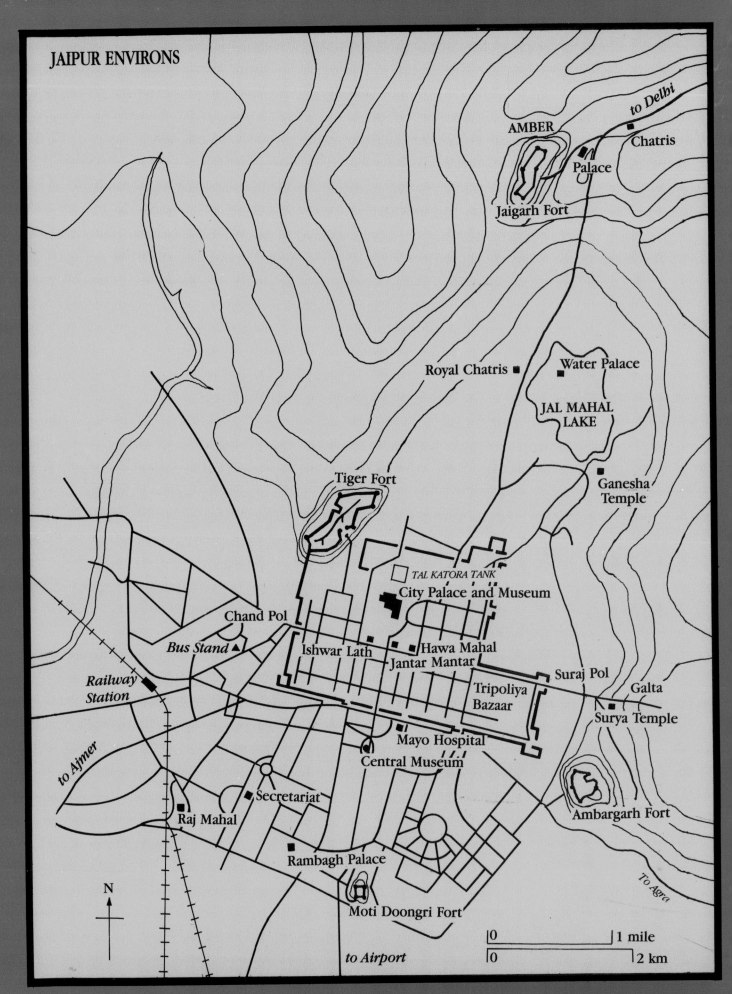

JAIPUR ENVIRONS

AMBER

to Delhi

Chatris

Palace

Jaigarh Fort

Royal Chatris

Water Palace

JAL MAHAL LAKE

Ganesha Temple

Tiger Fort

TAL KATORA TANK

City Palace and Museum

Chand Pol

Bus Stand

Ishwar Lath

Hawa Mahal

Jantar Mantar

Suraj Pol

Galta

Railway Station

Tripoliya Bazaar

Surya Temple

to Ajmer

Mayo Hospital

Central Museum

Ambargarh Fort

Secretariat

Raj Mahal

Rambagh Palace

To Agra

N

Moti Doongri Fort

0   1 mile

0   2 km

to Airport

70

Jaipur

Stadt der Festungen und Paläste

Jaipur ist eine bezaubernde Stadt, sehr individuell und romantisch. Im Jahre 1727 erbaut, liegt Jaipur zu Fuß des Kalikoh Berges, von dem die Nahargarh-Festung schützend herabschaut. Eindrucksvolle Festungen, die die Bergrücken zieren, sorgen für den großartigen Hintergrund der Pink City. Frauen bewegen sich stolz in glitzerndem Silberschmuck und leuchtend bunten, weiten Röcken, Leibchen und *Odhnis* durch die Stadt. Die Männer sind in weiße *Dhotis,* lange, enge Hemden und bunte Turbane gekleidet. Jaipur ist eine verrückte Mischung aus Exotik und Moderne mit exquisiten mittelalterlichen Bauwerken.

Amber Der Stadt Jaipur ging die Existenz des mittelalterlichen Ambers voraus, Hauptstadt der Kachhwaha Rajputen, Nachkommen Kuhas, des Sohnes Ramas, König von Ayodhya. Im Jahre 295 nach Chr. wanderten diese Rajputen von Rohtas nach Narwar, in der Nähe von Gwalior. Ihre heldenhaften Kriegszüge waren von Erfolg gekrönt und verhalfen ihnen zu Wohlstand. Im Jahre 967 wurde Dhola Rae, der minderjährige Thronfolger von seinem Onkel, der die Macht an sich riß, aus Narwar verbannt. Dhola und seine Mutter, die Königin, flüchteten in Richtung Westen.

Die ehemalige Königin fand Arbeit bei einem Häuptling des Mina-Stammes, der sie später als seine Schwester adoptierte. Als Dhola herangewachsen war, tötete er seinen Wohltäter, riß die Macht an sich und festigte seine Position, indem er eine eheliche Bindung mit der Bargajur-Familie (Nachkommen Lavs, eines anderen Sohnes von Rama) und mit einer Prinzessin aus Ajmer einging. Das Schicksal gönnte ihm aber keine lange Herrschaftszeit und er wurde von den Minas umgebracht.

Marooni, Dholas Witwe, schenkte Kankhal das Leben, der, als er herangewachsen war, die Dhundhar-Region eroberte. Sein Sohn annektierte später Amber, das den Susawat-Minas gehörte. Die Kachhwahas ließen sich schließlich in Amber nieder, obwohl Streitigkeiten mit den Minas weiter ihr Leben prägten. Pajun Udaikarna und Prithviraj, bekannte Kachhwaha-Herrscher, verhalfen einer Dynastie zu großem Ruhm, die später eine noch größere Rolle mit dem Auftauchen der Mogulen, Gründer eines großen Reiches, spielen sollte.

Nach der Thronbesteigung Bahar Mals, auch Behari Mal genannt, (1548-74) ist die Geschichte von Amber einfach zu verfolgen. Auf seinem Weg nach Ajmer im Januar 1562, lud Akbar die gesamte Familie Bahar Mals zu sich in sein königliches Lager ein. Diese Freundschaft wurde weiter gefestigt, indem Akbar Bahar Mals Tochter heiratete, eine eheliche Bindung, die die Kachhwahas vor ständigen Plänkeleien mit den widerspenstigen Minas bewahrte. Bahar Mals Tochter gebar später Salim, Akbars Thronfolger. Bhagwan Das, Bahar Mals Nachfolger, führte die Politik der friedlichen Koexistenz mit den Mogulen weiter.

Der Maharaja Jai Singh

Das alles geschah in den ersten Jahren des Amber Palastes. Man hatte zwar ein paar grundlegende Bauten errichtet, es war aber Man Singh I., der sie befestigte und herrliche Paläste errichten ließ, die sich im Wasser des Maota-Sees am Fuße des Berges widerspiegelten. Die Berge gleich hinter Amber bilden einen herrlichen natürlichen Schutzwall.

Den Berg krönt Suraj Pol. Zu diesem königlichen Tor führt ein ver schlungener Pfad, der im Jaleb Chowk endet, dem großen Burghof. Die doppelstöckigen Pavillons, Arkadengänge mit ihren unzähligen Räumen und die hohen Mauern verleihen dem Gesamtbild eine große Pracht. In der nord westlichen Ecke des Jaleb Chowk steht der Schrein der Sila Mata, auch Kali Mandir genannt, der Gottheit der Kachhwaha-Sippe. Er wurde von Man Singh I. im Jahre 1604 für das Idol dieser Gottheit, das er aus Jessore in Ostbengalen mitgebracht hatte, errichtet. Zu diesem Zweck kam auch eine bengalische Priesterfamilie mit, um sich hier niederzulassen. Einer ihrer Nachkommen, Vidhyadhar Bhattacharya wurde später Chefarchitekt von Jaipur. Im Jahre 1939 ließ Man Singh II. an diesem Schrein silberne Türen anbringen.

Der älteste Teil des Amber-Palastes befindet sich am südlichen Ende. Zu ihm gelangt man durch lange, enge dunkle Gänge, die plötzlich in sonnendurchfluteten Höfen enden.

Der Zenana-Palast für die Frauen ist ein Komplex mit Räumen und Appartements, die von einer hohen Mauer mit dreistöckigen Ecktürmen umgeben sind. Ein *Baradari* in der Mitte des Hofes diente als Ort für Festlichkeiten und Unterhaltungsprogramme. Man Singhs enge Freundschaft mit Akbar half ihm, sich mit den Bauwerken von Agra und Sikri bekannt zu machen. Die spartanische Einfachheit der Räume wird durch Wandmalereien, die Krishnas Streiche darstellen, gemindert. Spätere Herrscher nahmen keine Veränderungen am Zenana-Palast vor.

Jehangirs Rajputenfrau, Jodha Bai, ernannte Jai Singh I., den Neffen Man Singhs I. zum Thronfolger von Amber. Dieser junge Prinz, der den Titel Mirza Raja trug, beschloß, seinem berühmten Onkel nachzueifern, indem er großartige, neue Paläste im Stil der Mogulen bauen ließ und damit eine neue Ära für Amber, einleitete.

Die Diwan-i-Khas setzt sich aus zwei länglichen Räumen zusammen, die von einem Hof und Arkadengängen mit einer Vielzahl von Zimmern umgeben sind. Auch Sheesh Mahal genannt, sind die Wände und Decken dieser Räume mit Millionen von Glasstückchen verziert, in denen sich, wenn man eine Kerze anzündet, ihr buntes Flackern widerspiegelt und für eine märchenhafte Stimmung sorgt. Drei bemalte Glasfenster verleihen diesen Räumen einen zusätzlichen Reiz. Die größeren Fenster blicken auf den hundert Fuß tiefer gelegenen See.

Sukh Niwas auf der gegenüberliegenden Seite des Sheesh Mahal war für die königlichen Damen und Kurtesanen als kühler Zufluchtsort vor der sengenden Hitze, die die Berge, die sich hinter den Mauern des Palastes erhoben, ausstrahlten, gedacht. Einfache Vorrichtungen füllten Zisternen auf dem Dach mit Wasser, von wo aus es sich in Kaskaden über Rutschen in die Wasserkanäle ergoß. Eine Mischung aus Eierschalen, Perlen und zermahlenem Marmor machte die Wände so glatt wie Marmor. Sheesh Mahal und Sukh Niwas öffnen sich beide zu einem tiefer gelegenen Garten mit sternenförmig angelegten Wegen, die von einer Plattform in der Mitte abzweigen.

Auf dem Dach des Sheesh Mahal steht ein anderer kleiner Pavillon, ein wahres Juwel, der

Vorbergehende Seite:Die Amber Festung, Jaipur. Rechts: Jaleb Chowk, der große Hof der Amber Festung, Jaipur.
Gegenüberliegende Seite:
Glasmosaikarbeiten am Sheesh Mahal, Amber Festung, Jaipur

Jas Mandir mit leuchtenden Glasmosaikarbeiten und Spiegelchen in zarten Farben. Die Fenster, die wunderbare Jali-Gitter aus Stein zieren, blicken auf den See - ein Bild, das kaum romantischer sein könnte, ganz besonders zur Regenjahreszeit.

Jai Singh liebte es, kleine Bauwerke von außerordentlichem Liebreiz zu bauen. Nahe am Jas Mandir steht auf der gleichen Terasse der Sohag Mandir, ein Pavillon mit lieblichen Wandtäfelungen mit Blütenmotiven. Die unvorstellbar feinen Steingitter und kleinen Fenster erlaubten es den königlichen Damen, die Vorgänge im Hofe darunter ungesehen zu beobachten.

Eine schmale Rampe innerhalb des dicken Mauerwerkes führt hinab zu einem großartigen Hof, wo zwei Bauwerke von ungewöhnlicher Schönheit stehen. Die Diwan-i-Aam, auf einer Art Plattform, ist eine rechteckige Halle mit doppelten Säulenreihen aus rotem Sandstein und Elefantenköpfen als Tragsteinen.

Der Ganesh Pol ist das zeremonielle Tor, das zu diesem Labyrinth voller Gärten und Paläste innerhalb der hohen Festungsmauern führt. Sein beeindruckendes Äußere schmücken zartfarbene Wandreliefs mit geometrischen und Blütenmustern. Die zusätzlichen Bögen links und rechts von diesem Tor verleihen ihm eine bemerkenswerte Würde und Erhabenheit. Über diesem geschwungen und spitz zulaufenden Tor hat man das Abbild des glückverheißenden Gottes Ganesh gemalt. Die kleineren Alkoven sind reich in zarten Farbtönen verziert, die in den Strahlen der Morgensonne aufleuchten. Der Sukh Mandir bildet mit seinem herrlichen Gitterwerk den passenden Abschluß zum oberen Teil des Ganesh Pols, dem imposantesten Torweg der Festung von Amber.

Mirza Raja Jai Singh stand zwischen 1621 und 1667 im Dienste von Jehangir, Shahjahan und Aurangzeb. Er war eine Art Prellbock zwischen den aufrührerischen Rajputenherrschern und den Mogulen. Er hatte Shivaji dazu gebracht, Aurangzeb seine Aufwartung zu machen, half ihm aber zu flüchten, als ihm klar wurde, daß er sein Versprechen für ein sicheres Geleit nicht einhalten konnte. Er war Diplomat mit großem Einfluß aber ein bißchen zu eitel. Er pflegte zwei Gläser in die Hände zu nehmen, von denen er eines Delhi und das andere Satara nannte und, eines auf dem Boden zerschmetternd, sagte: "Das war Satara. Das Schicksal Delhis halte ich in meiner rechten Hand und kann mich seiner, mit einem Griff nur, entledigen." Aurangzeb griff auf die bei den Mogulen übliche Methode zur Beseitigung eines Rivalen zurück und ließ Mirza Raja durch seinen eigenen Sohn vergiften.

Wieder zurück auf dem Jaleb Chowk dürfen Sie es nicht verpassen, einen kurzen Gang zum Chand Pol an der Rückseite des Amber-Palastes zu machen. Die Berge, an die sich ein paar einsame, große Villen der früheren Ratgeber, Höflinge und Würdenträger schmiegen, blicken grimmig auf Amber hinab. Ein schmaler Pfad führt hinunter ins Dorf, wo die Überreste zerfallener Tempel, Häuser und Grabmäler des alten Ambers noch zu sehen sind.

Der Jagat Shiromani-Tempel ist das architektonische Juwel der alten Stadt Amber. Krishna geweiht, befindet sich in ihm das Idol Meeras, der Gefährtin Krishnas. Die hohe Decke des Vorraumes schmücken herrliche Wandgemälde. Die Shikhara (Turm) dieses Tempels reckt sich kühn in den Himmel und ist mit Skulpturen verziert. Ein Garuda-Tempel aus Marmor steht auf der gleichen Erhöhung. Er ist zwar klein, hat aber wunderschöne Skulpturen. Die Torana (Triumphbogen), die sich über den Stufen, die zum Krishna-Tempel führen, erhebt, wird von zwei Elefantenstatuen flankiert.

Die einzige Moschee von Amber wurde auf Akbars Befehl 1569 gebaut. Da sie an der Delhi – Jaipur Straße steht, war sie von großer strategischer Bedeutung.

Bischof Heber, der Amber 1925 besuchte, sprach begeistert von der Schönheit Ambers. "Ich habe viele königliche Paläste mit größeren und eindrucksvolleren Räumen gesehen . . . was aber ihre ungewöhnliche, malerische Wirkung betrifft, ihre Fülle an Skulpturen, die rauhe Schönheit der Landschaft, die Anzahl und Individualität ihrer Zimmerfluchten und die Überraschung, ein solches Bauwerk an solch einem Ort und in solch einem Land zu finden, so gibt es nichts, was sich mit Amber vergleichen läßt . . . ."

Jaigarh Hoch oben auf einem Bergrücken des Dhundhar- Terrains erhebt sich vierhundert Fuß über Amber die Jaigarh-Festung, einstige Hochburg des Mina-Stammes. Jaigarh war schon immer eine militärische, in einem einfachen, zweckdienlichem Stil erbaute Festung. Mirza Raja, Jai Singh I. und Jai Singh II. ließen diese gewaltigen Befestigungen aus Angst

Gegenüberliegende Seite, oben: Diwan-i-Khas oder Sheesh Mahal, Amber-Festung, Jaipur. Unten: Die wunderbaren Gitter am Jas Mandir, Amber-Festung, Jaipur.

vor einem Übergriff der Mogulen errichten. Diese Festung wurde aber niemals von Feinden gestürmt und ihre Aufgabe beschränkte sich darauf, allzu ehrgeizige Herrscher zu warnen.

Jaivan, die größte Kanone der Welt, ist der Hauptanziehungspunkt von Jaigarh. Sie hat ein 20 Fuß langes Kanonenrohr, das mit Blumenmustern und Tierfiguren verziert ist. Sie wiegt 50 Tonnen und ihre Räder haben einen Durchmesser von neuneinhalb Fuß. Sie wurde in der Schmiede von Jaigarh im Jahre 1720 gegossen und nur ein einziges Mal zur Probe abgefeuert, wobei die Kanonenkugel 38 km weit flog und solche Schwingungen verursachte, daß viele Häuser in Jaipur einstürzten.

Auf solch großen Höhen gab es natürlich immer Wasserprobleme. Jaigarh hat drei Untergrundwasserbecken zum Aufbewahren von Regenwasser. Das größte Becken hat ein Fassungsvermögen von 15 Millionen Gallonen und ein Dach, das auf Säulen ruht. In seinem Inneren ist es stockdunkel. Auch heute noch rätselhaft und schreckenerregend, sollen in seinem dunklen Inneren die sagenhaften Schätze der Kachhawa-Herrscher seit Man Singh I. aufbewahrt worden sein. Im Jahre 1976 liess die indische Regierung umfangreiche Ausgrabungsarbeiten vornehmen, um diesen Schatz ans Tageslicht zu befördern. Trotz Anwendung modernster Ausrüstungen war dieses 6 Monate lange Unternehmen nutzlos. Vom Diwa Burj wurde Wache über die Berge der Umgebung gehalten. Von hier hat man einen herrlichen Blick auf die Befestigungsanlagen und Jaipur zur rechten Seite und das breite Band der Strasse, die nach Delhi führt, auf der linken Seite. Der nördliche Teil von Jaigarh zieht sich hinunter bis zum Jaleb Chowk in der Nähe der Wasserbecken. In den geschlossenen Verandas ist jetzt ein Museum untergebracht mit einer verwirrenden Vielzahl von alten Schatzkammerschlössern, Öl-und Weingefässen, wertvollen Karten von Amber und anderen Gegenständen aus der mittelalterlichen Waffenkammer. In der Kanonen- und Gewehrfabrik, die im Jahre 1584 von Bhagwan Das gegründet wurde, entstand zum grossen Verdruss der Oberherren in Delhi, die bis dahin das Geheimnis des Schiesspulvers für sich behalten hatten, manch eine grosse Kanone.

Im kleinen Schrein Kal Bhairav steht auch heute noch das Originalidol aus schwarzem Metall. Es ist der Schutzgottheit von Jaigarh geweiht. Eine Reihe von Palästen wie z.B. Diwani-i-Aam und Khilawat Niwas sind zwar klein und baulich unbedeutend, waren aber von grossem funktionellen Wert. Grosse Innenhöfe lassen diese Bauten nur noch kleiner wirken. Dann plötzlich aber steht man, nachdem man ein Labyrinth dunkler, gewölbter Geheimgänge hinter sich gelassen hat, vor dem Vilas Mandir, einer Flucht von Räumen, die alle in große Innenhöfe münden. Dahinter erhebt sich der grossartige *Baradari* mit einem Garten im Mogulstil. Dieser Teil ist der schönste der Jaigarh- Festung. Von den westlichen

Rechts: Der Jagat Shiromani Tempel in der Stadt Amber, Jaipur. Rechts außen: Skulpturen auf den Marmorsäulen am Jagat Shiromani Tempel, Amber. Gegenüber, oben: Ganesh Pol-Eingang zur königlichen Einfriedung, Amber Festung,. Links: Besucher in der Stadt Jaipur.

Ecktürmen kann man einen Blick auf das bautechnische Wunder des mittelalterlichen Ambers werfen – ein Netz von Wasserleitungen und Kanälen, die vom Sagar Talao, einem Wasserreservoir, die Jaigarh-Festung mit Wasser versorgen. Von der östlichen Ecke betrachtet liegt Amber mit seinen grossartigen Palästen dem Besucher zu Füssen.

Nahargarh Die Nahargarh-Festung, früher Sudarshangarh genannt, steht ganz am Ende dieser Gebirgskette und blickt auf die Stadt Jaipur. Eine Asphaltstrasse führt zu dieser Festung, die im Jahre 1734 von Sawai Jai Singh gebaut wurde, hinauf. Über sie erzählt man sich eine interessante Geschichte. Die tagsüber geleistete Arbeit wurde regelmässig nachts von unbekannten Kräften wieder zerstört, bis der König schliesslich eine Person traf, die ihm das Geheimnis enthüllte. Dieses Land gehörte einst einem Bhomia (Landeigentümer), Nahar Singh genannt, und der König mußte zunächst einmal die Seele dieses toten Mannes beschwichtigen, ehe es möglich war, die Arbeiten fortzusetzen. Nahar Singh erhielt eine kleine Festung am Purana Ghat und in Jaigarh selbst errichtete man einen Schrein für ihn.

In Nahargarh gibt es nur einen einzigen Palast, eine zweistöckige Flucht von miteinander verbundenen Räumen für die Haremsdamen. Diese Zimmer sind in einem schönen cremefarbenen Ton getüncht und haben Wandtäfelungen mit einfachen Verzierungen. Ram Singh II. ließ zwischen 1868 und 1869 einige Ergänzungen an diesem Bauwerk vornehmen und Madho Singh II. fügte weitere zwischen 1902-03 hinzu. Man glaubt, daß sich hier ein Teil des königlichen Schatzes befunden hat, der später von Man Singh II. zum Moti Doongri Palast in die Stadt gebracht wurde.

Jaipur Als Man Jai Singh II. im Alter von 13 Jahren am Hof Aurangzebs vorgestellt wurde, ignorierte der herrische Mogul alle Regeln der Höflichkeit und fragte den jungen Besucher schroff: "Deine Vorfahren haben mir genug Schwierigkeiten bereitet. Deshalb sag mir zuerst, was du verdient hast, und nicht, was du dir wünschst." Und um den Jungen völlig einzuschüchtern, packte er ihn bei den Händen und fragte grimmig: "Sag mir, was nützen dir deine Waffen jetzt?" Der Prinz antwortete: "Ihre Hoheit, wenn ein Bräutigam die Hände seiner Braut während der Hochzeit ergreift, dann bedeutet das, daß es seine Pflicht ist, sie sein ganzes Leben lang zu schützen. Was habe ich jetzt, nachdem der Kaiser von Indien

Rechts: Die Jaigarh Festung, die auf die Amber Festung hinab blickt, Jaipur. Gegenüber, oben: Die Stadt Jaipur breitet sich zu Füßen der Nahargarh Festung aus. Unten, links: Jaijavan, die größte Kanone der Welt, die in der Schmiede von Jaigarh gegossen wurde. Rechts: Wandrelief im Hof der Nahargarh Festung.

81

meine rechte Hand in die seine genommen hat, schon noch zu befürchten? Wozu brauche ich, geschützt von den Armen seiner Majestät, noch Waffen?"

Aurangzeb war sprachlos über die Weisheit und Sprachgewandtheit dieses Jungen. Er nahm ihn als "Sawai" (ein und ein Viertel) seiner Zeitgenossen am Hofe auf. Jai Singh II. erhielt den Namen Sawai Jai Singh II. und lebte lange Jahre am Mogulenhof, wo er sich als seiner Stellung würdig erwies.

Sawai Jai Singh verdiente sich bald den Ruf, der aufgeschlossenste Herrscher der Kachhawa-Sippe zu sein. Im Gegensatz zu Jai Singh I., dem Mirza Raja, war Sawai Jai Singh II., kein berühmter Krieger und ganz bestimmt kein Held vom Typ der Rajputen, "sondern es war sein Talent für Staatsangelegenheiten und Hofintrigen, das aus ihm den Macchiavelli jener Tage machte, was damals nützlicher als alles andere war," sagte der Historiker James Todd zusammenfassend über seinen Charakter.

Sawai Jai Singh II besaß großen Einfluß am Hofe Muhammad Shahs II, unter dem sich der Zerfall des Mogulenreiches in Indien vollzog. Der geschwächte Mogulenkönig war für Sawai Singhs Plan zur Vergrößerung seines Territoriums und zum Bau einer neuen Stadt kein Hindernis. Im Jahre 1725 erließ der Raja von Amber den Befehl zum Bau von Jai Niwas in der Ebene zu Füßen des Nahargarh-Berges. Das sollte der Kern der neuen Stadt werden. Im Jahre 1727 begannen die umfangreichen Bauarbeiten und die riesigen Stadtmauern und Tore begannen Gestalt anzunehmen. Um eine ständige Wasserversorgung zu sichern, baute man einen Kanal.

Vidhyadhar Bhattacharya, ein Nachkomme der Priesterfamilie, die Man Singh I. aus Bengalen mit hierher gebracht hatte, war der Chefarchitekt. Vidhyadhar, der die *Shilpashastras* studiert hatte, baute die Stadt nach einer Art Gittermodell, bei dem die Gebäude an geraden und breiten Straßen stehen. Die Stadt, die sich zwischen Suraj Pol und Chand Pol ausbreitet, ist in acht Quadrate, Nidhis genannt, eingeteilt. Der City Palace bildet das neunte Quadrat. Man lud Händler und Kaufleute aus weit entfernten Gegenden ein, sich in Jaipur niederzulassen und ihr Handwerk auszuüben, so daß in bestimmten Vierteln bestimmte Handwerksgruppen lebten. Auf den breiten Straßen konnten sechs bis sieben Kutschen nebeneinander fahren und Besucher staunten über die herrlichen Paläste, Tempel und Märkte. Auch heute noch sind diese Straßen dem bunten Verkehrsdurcheinander von Lastwagen, Taxis, Motorrädern, Autorickshas, Bussen, Ochsenkarren, Kamelkarren, Fahrradrickshas, Fahrrädern und Fußgängern gewachsen. Ram Singh II. ließ die Stadt anläßlich des Besuches des Prinzen von Wales im Jahre 1876 rosa anstreichen. Seitdem nennt man Jaipur bzw. Jainagar die Pink City.

Der City-Palast, auch Chandra Mahal genannt, bildet den Kern der Stadt. Er ist von einer Reihe kleinerer, für Beamte und Gäste bestimmte Gebäude, umgeben. Wie bei den Mogulen liegen die privaten Gemächer hinter hohen Mauern und imposanten Durchgängen versteckt. Jeder der Gebäudekomplexe gruppiert sich um große, geräumige Innenhöfe.

Das Sire Deorhi-Tor und Naggar Khana-Tor waren die ursprünglichen Palasteingänge. Heute tritt man durch das Gainda Ka Deorhi (Rhinozeros-Tor) in einen Hof, umgeben von zweistöckigen Gebäuden mit Zimmerfluchten, die alle Balkons haben. In der Mitte steht Mubarak Mahal, ein wunderschönes Gästehaus, das wie ein Juwelenkästchen wirkt. In ihm ist jetzt ein Textilmuseum untergebracht mit kostbaren Gewändern aus *Jari,* mit Blockdruck, königlichen Gewändern aus herrlicher Seide und Brokat, die mit wunderbaren Stickereien verziert sind.

Eine ganz besondere Attraktion ist das riesige, rosarote Seidengewand des Madho Singh I. (1750-68), der fast 7 Fuß groß war und 225 kg wog. Ebenso zu sehen sind hier alte Musikinstrumente. Der Mubarak Mahal ist ein reich verziertes Bauwerk mit schlanken Säulen und wunderschön gearbeiteten Balkons.

Überraschenderweise war Ram Singh II., einer von Jaipurs Herrschern, ein begeisterter Fotograf. Seine Aufnahmen des damaligen Jaipurs sind im Silah Khana am Mubarak Mahal, ausgestellt. Er war es auch, der moderne städtische Einrichtungen wie die öffentliche Wasserwirtschaft (1860), die staatliche Post mit Kamelen (1861) und eine Stadtverwaltung (1868) gründete, Wasserleitungen verlegen ließ (1874) und Straßenbeleuchtung einführte.

Sarhad-ki-Deorhi ist das reizende Tor, durch das man zum City-Palast gelangt. Seinen Durchgang flankieren zwei Elefanten aus weißem Marmor. Das großartige Bronzetor, um

Vorhergehende Seite: Die Pink City, Chand Pol und das Bollwerk der Festungsmauer.
Gegenüberliegende Seite, oben: Der City Palast der Maharajas von Jaipur. Unten, links: Sarbad-ki-deobri, der Palasteingang, Jaipur.

das sich zwei Angestellte kümmern, ist immer blankpoliert. Die Wächter, in lange weiße Jaketts gekleidet, mit einem roten Turban auf dem Kopf, sind sehr gefragte Fotomodelle.

Hinter Sarhad-ki-Deorhi befindet sich ein anderer großer Hof, mit der Diwan-i-Khas im Mittelpunkt. Es ist ein einfaches zweckmäßiges Bauwerk, das aus doppelten Reihen von Marmorsäulen besteht, auf denen die Bögen ruhen. Hier gibt es zwei riesige Silbergefäße zu sehen, die Madho Singh II. 1901 mit nach England nahm. Er war der erste Kachwaha-Herrscher, der ins Ausland reiste, und Gangeswasser mit nach England nahm, um nicht das *Firangipani* der Themse trinken zu müssen. Jedes Gefäß hat ein Fassungsvermögen von 1800 Gallonen Wasser und für ihre Herstellung verwendete man je 2427 kg Silber.

Der Ridhi Sidhi Pol, ein vierstöckiges Bauwerk, befindet sich an der Palastmauer und führt zum Pritam Chowk, dem prächtigsten der Innenhöfe, der sich direkt hinter dem City-Palast befindet. An der östlichen und westlichen Mauer befinden sich vier herrliche, mit Fresken verzierte Torbögen in makellosem Zustand, da sie zum Privatbesitz des jetzigen Maharajas gehören. Die Bilder auf diesen Türen, die unter Aufsicht Pratap Singhs (1778-1803) gemalt wurden, stellen die unterschiedlichen jahreszeitlichen Stimmungen dar. Das Tor, das den Eingang zum Ridhi Sidhi Pol bildet, ist mit wunderbaren Pfauenmotiven in Türkis, Blau und Aquamarin verziert.

Am nördlichen Ende des Pritam Chowk steht Chandra Mahal, der City-Palast, ein großartiges, siebenstöckiges Gebäude, das sich imposant in die Höhe reckt. Im Erdgeschoß befindet sich eine Halle mit Porträts der Herrscher von Jaipur. Sehr faszinierend ist hier die golden verzierte Decke und das wunderschön gehämmerte Messingtor mit Bildern aus der *Krishna Leela*. Die oberen Stockwerke wurden später von nachfolgenden Herrschern hinzugefügt. Mukut Mahal, der marmorne Pavillon auf dem obersten Stockwerk, hat ein schön geschwungenes Dach. Der City-Palast hat Rampen anstelle von Treppen, um die Sänften und Rollstühle von unter Rheuma leidenden Maharajas hinauftragen zu können.

Die unterschiedlichen Baustile dieser Paläste spiegeln den Geschmack der Herrscher, die sie errichten ließen, wider. Ein Teil des Palastes wird von dem ehemaligen Maharaja Lt. Col. Bhawani Singh bewohnt, und ist deshalb für Besucher gesperrt. Chabi Niwas ist ein hübscher Palast in Wedgwood-Blau, komplett mit weißer Umrahmung.

Durch die Türen im Erdgeschoß kann man in den Garten blicken, der sich bis zum Govind Devji-Tempel erstreckt. Dieser Tempel war Sawai Jai Singhs II. erster Wohnsitz in Jaipur, bis er einen Traum hatte, in dem man ihm sagte, das Gebäude zu verlassen, da hier eine Gottheit wohne. Er installierte ein Krishna-Idol, das er aus Mathura mitgebracht hatte, in diesem Tempel und zog in den Chandra Mahal. Der Garten mit seinen Wasserkanälen verleiht dem Palast einen ganz besonderen Reiz und versorgt diese trockene Wüstenstadt mit Grün.

Auf Ihrem Rückweg zum Platz mit der Diwan-i-Khas müssen Sie das Museum der Diwan-i-Aam besuchen. Hier sind kostbare Miniaturgemälde aus Rajasthan, Sawai Jai Singhs II. Manuskripte über seine astronomischen Untersuchungen und Abul Fazls Übersetzung der *Mahabharat, Razmnamah* genannt, ausgestellt. Die Übersetzungen seltener Bücher mit exquisiten Miniaturmalereien als Illustrationen sind Schätze von großem Wert. Die Teppiche aus Herat, Lahore und Agra sehen noch immer prächtig aus. Ebenso faszinierend sind die alten Sänften und *Howdahs*, die die Maharajas benützten. Die Schätze der Diwan-i-Aam brauchen eine bessere Ausstellungsstätte, da dieser Raum viel zu klein für diese wertvollen Antiquitäten ist, mit denen er praktisch vollgestopft ist.

Hawa Mahal Nördlich vom Bahi Chaupad steht Hawa Mahal, das Wahrzeichen Jaipurs und phantasievollstes Bauwerk der Stadt. Von Sawai Pratap Singh (1778-1803), dem Ästheten unter den Maharajas Jaipurs erbaut, gehört er zum City Palace, obwohl er sich etwas entfernt vom Hauptkomplex befindet. Von der Straße gesehen wirkt Hawa Mahal wie eine Fassade. In Wirklichkeit aber ist es der äußerste Teil der Frauengemächer, ein Palast der Winde, abseits von der bedrückenden Atmosphäre eines Palastes, der Tag und Nacht von ganzen Bataillonen livrierter Wächter bewacht wurde. Die Hitze, das Hauptproblem in Rajasthan, ist im Hawa Mahal kein Grund zur Sorge. Von den kleinen Gitterfenstern konnten die königlichen Damen, verborgen vor den Blicken des einfachen Mannes, Prozessionen auf der Straße beobachten. Dieser Palast hat auch den üblichen Hof mit Räumen und Zimmerfluchten an allen vier Seiten. Die oberen Stockwerke erreicht man auch hier über eine Rampe anstelle von Treppen.

Gegenüber, oben: Hawa Mahal, Jaipur. Unten, links: Ridhi, Sidhi Pol, City Palace, Jaipur. Rechts: Blick auf die Stadt vom Hawa Mahal, Jaipur.

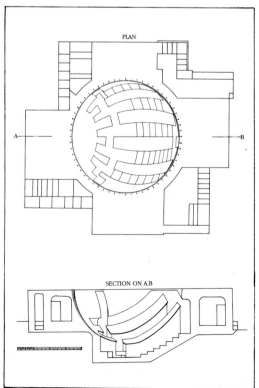

Eine Reihe von Kritikern haben den Hawa Mahal als barocke Verrücktheit und bizarres Bauwerk verurteilt. Die fünf Stockwerke hohe Fassade ist über und über mit hervorragenden Jali-Arbeiten und Balkons verziert. Sie hat 953 Nischen, die alle nur einen Raum tief sind. Lal Chand Ustad, der den Hawa Mahal entwarf, widmete dieses Bauwerk Radha und Krishna. Sein komplizierter, ungewöhnlicher Stil aber gefiel dem Herrscher sehr gut, der glaubte, daß es für die Damen zur Unterhaltung viel nützlicher als nur ein Tempel wäre. Die pyramidenartige Gestalt ist charakteristisch für den symmetrischench Baustil von Jaipur. "Die Formen, die man hier verwendete, sind alltäglicher Art. Die Erker aber drängen sich so dicht aneinander und türmen sich übereinander, daß sie zusammen betrachtet ein größeres Abbild ihrer selbst sind und an eine Tempel-Shikara erinnern."

Die Mogulen bauten ähnliche Vergnügungspaläste, wie z.B. den Panch Mahal in Sikri und den Musamman Burj in der Festung von Agra, die aber lange nicht so phantasievoll wie der Hawa Mahal sind. Sein geschwungenes Dach und die Kuppeln verleihen ihm einen außerordentlichen Reiz und sorgen für sein exotisches, orientalisches Aussehen. Vom obersten Stockwerk gesehen, breitet sich das Bild der Stadt Jaipur vor den Augen des Betrachters aus. Gerade, breite Straßen und Märkte voller Menschen, das Jantar Mantar, der City Palast und die Nahargarh-Festung, sie alle sind deutlich in diesem großen Bild zu erkennen.

Sir Edwin Arnold sprach vom Hawa Mahal als "einem Bild von gewagtem und zartem Liebreiz. Von Etagen rosafarbenen Mauerwerks, zarten Balkons und steinernen Gitterfenstern. Ein Berg von luftiger und verwegener Schönheit, der sich pyramidenförmig in den Himmel reckt, mit Tausenden durchbrochenen Gittern und vergoldeten Bögen, durch die die indische Luft kühl über die flachen Dächer der Häuser streicht. Alladins Wunderlampe hätte keinen prächtigeren Wohnort hervorzaubern können."

Die Schönheit des Hawa Mahals ist sein zerbrechlich wirkendes Äußere, das sich wie ein Traum, so befürchtet man, in Luft auflösen wird.

Jantar Mantar Ein Besucher, der nichts von Astronomie versteht, findet die unterschiedlichen steinernen Instrumente in der Nähe des City Palastes zwar interessant, aber sehr verwirrend, wie etwa eine Szene aus einem utopischen Film. Diese Instrumente sind aber sehr exakte Mittel zur Beobachtung der Sonne und Berechnung der Zeit: "Diese futuristischen, surrealistischen Instrumente sind von einer abstrakten Schönheit. Beim Betreten dieses Observatoriums glaubt man, sich in einer Mondlandschaft zu befinden . . . obgleich diese riesigen geometrischen Instrumente absolut nichts Abstraktes an sich haben."

Der Erbauer dieser wissenschaftlichen Instrumente war Sawai Jai Singh II., ein großer Gelehrter der Astronomie, der sich trotz seiner Staatsgeschäfte eingehend mit dieser Wissenschaft beschäftigte. Das Mogulenreich verlor zu Zeiten Muhammad Shahs II. zusehends an Macht und die Marathen hatten bereits Agra und Delhi in große Bedrängnis gebracht. Er hatte seine Illusionen über Macht und Politik verloren, und sich mit erneutem Eifer seinen astronomischen Untersuchungen zu widmen begonnen. Er lud Gelehrte aus Bayern, Frankreich und Portugal ein, um sich von ihnen beraten zu lassen, diese brachten die neuesten Forschungsergebnisse aus dem Ausland mitbrachten. Jai Singh meinte, daß die existierenden astronomischen Tabellen ungenau wären. Die Ergebnisse seiner Beobachtungen mit Messinginstrumenten erwiesen sich als nicht zufriedenstellend. Auch die Verwendung von Instrumenten, die Ulugh Begh in Samarkand benützt hatte, ergaben keine genauen Lesungen.

Zu Hause wurde Jai Singh bei seinen Untersuchungen von Pandit Jagannath, Kewal Ram und Vidhyadhar Bhattacharya unterstützt. Von Muhammad Shah II. erhielt Jai Singh II. volle Unterstützung, um eventuelle Zweifel zu beseitigen, da er bereits Observatorien in Delhi, Mathura, Varanasi und Ujjain hatte bauen lassen. In Jaipur ließ Jai Singh Instrumente aus Stein und weißem Marmor für umfangreichere und genauere Lesungen bauen. Er stellte einen Tabellensatz zusammen, den er dem Mogulenkönig widmete.

Das Observatorium von Jaipur wurde als letztes zwischen 1728 und 1734 gebaut. Hier eine kurze Beschreibung der wichtigsten Instrumente:

Samrat Yantra Es ist das genaueste Instrument des Observatoriums und die größte Sonnenuhr der Welt. Der Sonnenuhrzeiger ist 90 Fuß groß und gibt die Zeit und Deklination sehr genau an. Die Wölbungen, die in die Zeigerwand gemeißelt sind, sorgen für einen einwandfreien Stand und korrekte Meßergebnisse. Sogar das Eintreffen des Monsuns kann mit dieser Samrat Yantra vorausgesagt werden "und durch das Ablesen der Position des Lichtpunktes können Höhe, Deklination, Scheitelpunkt und Entfernung der Sonne festgestellt werden.

Veränderungen am Sonnendurchmesser können auch gemessen werden und sogar Sonnenflecken können beobachtet werden." Die Zeit wurde in Jaipur vom Samrat Yantra abgelesen. Die Viertelkreise dienten zum Ablesen der Stunden, die den Bürgern von den obersten Stufen laut bekannt gemacht wurden. Seit 1940 hat man mit diesem Brauch aufgehört, obwohl es auch heute noch ein Wunder an Genauigkeit ist.

Jai Prakash Yantra ist das Prunkstück von Jai Singhs Forschung. Mit ihm wurde die Drehung der Sonne gemessen. Zwei hemisphärische Hohlkörper ergänzen sich gegenseitig und bilden eine komplette Halbkugel, wenn sie zusammengefügt werden. Sie wird zum Feststellen der Längen-und Breitenlage der Sonne und des Tierkreiszeichens, in dem sie sich gerade befindet, verwendet. Diese beiden Instrumente sind in der Unterkellerung miteinander verbunden. Diese einfachen Entwürfe wirken nicht nur interessant, sondern sehr lehrreich, ganz besonders für junge Studenten der Naturwissenschaften.

Ram Yantra dient zum Bestimmen der Höhe der Sonne und ihrer Entfernung vom Zenit. Diese sich gegenseitig ergänzenden Strukturen können auch für Untersuchungen zur Bewegung der Sterne und für Wettervorhersagen verwendet werden. Die Ergebnisse, die man mit dem Jai Prakash mittels einer vertieften Halbkugel erzielt, erzielt man mit dem Ram Yantra mittels einer aufrecht stehenden Struktur.

Rashvalayas Yantra Es handelt sich um zwölf kleine Sonnenuhren, für jedes Tierkreiszeichen eine.

Narivalaya Yantra Diese Sonnenuhr hilft, die Ortszeit auf einfache Art zu bestimmen.

Yantra Raj ist das größte astronomische Laboratorium der Welt - eine Messingscheibe mit einem Durchmesser von sieben Fuß, die in vertikaler Richtung verschoben werden kann. Mit Hilfe des Yantra Raj berechnet man seit den letzten 250 Jahren die genauen Daten des Hindukalenders, für Feste und religiöse Anlässe.

Es gibt noch eine Reihe anderer Instrumente von großer Genauigkeit, hervorragende Geschenke Jai Singhs II. an die indischen Wissenschaften.

Gaitore Gaitore ist eines der schönsten Fleckchen von Jaipur. Es handelt sich um eine Einfriedung innerhalb der Nahargarh-Festung, wo sich die Grabstätten der Herrscher von Jaipur, umgeben von hohen Bergen, in stiller Abgeschiedenheit befinden. Diese Grabstätten halten sich im Wesentlichen an die Baupläne des *Panchayatana*-Stiles, bei dem ein Pavillon auf einer Terrasse steht, dessen hohe Kuppel auf schlanken Säulen ruht und der von vier Zierpavillons an den Ecken umgeben ist. Das größte Grabmal ist hier das des Sawai Madho Singh II., das eine reich verzierte Decke hat. Es wirkt sehr majestätisch und ist ein hübsches Beispiel für diese Art von Gedenkstätte.

Das Grabmal Sawai Jai Singhs II. ist ein architektonisches Juwel mit einer wunderbar gestalteten Decke im Stil der Dilwara-Tempel des Mount Abu und in seiner Eleganz charakteristisch für den Mann, der diese Stadt erbaute. Steinerne Täfelungen auf den Plinthen werden von Kampfszenen, Elefantenkämpfen und Blütenmotiven von großer Kunstfertigkeit geschmückt. Ebenso lohnt es sich, einen Blick auf die Grabmäler Ram Singhs II. und Madho Singhs I., des Riesen von Jaipur, zu werfen.

Der Lake Palace (Seenpalast) steht inmitten einer grünen Oase. Madho Singh I. ließ ihn mitten im Man Sagar-See bauen, der heute ausgetrocknet ist und sich nur kurz in der Regenjahreszeit mit Wasser füllt. Der Lake Palace diente ausschließlich zur Entenjagd. Nicht weit von hier befinden sich die Grabmäler einiger Maharanis. Diese Grabstätten ehemaliger Maharajas und Maharanis sind Bauwerke von außerordentlicher Schönheit, die aber im Gegensatz zu den Gartengrabmälern der Mogulen einsam und verlassen dastehen und nur selten Besucher empfangen.

Gegenüber, oben: Der heilige See in Galtaji in der Nähe von Jaipur. Unten, rechts: Der Lake Palace, Jaipur. Links: Das Grabmal Madho Singh II in Gaitore.

Galta Von der Spitze des Galta-Hügels bietet sich der beste Blick auf die Stadt Jaipur. Der Schrein von Galta, der dem Galava Rishi zugeschrieben wird, krönt zusammen mit zwei Wasserbecken, die bei den Gläubigen als heilig gelten, diesen Berg. Das Wasser dieser Becken fließt aus dem aus Stein gemeißelten Mund einer Kuh und soll genauso heilig wie das

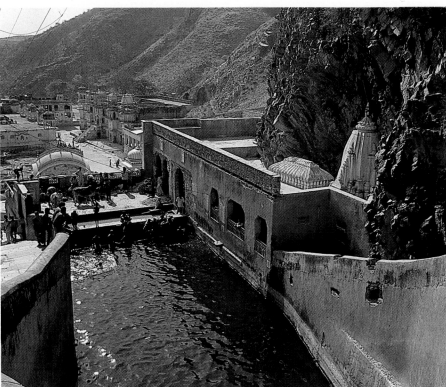

Wasser des Ganges sein. Die Terrassen werden von Pavillons mit bunten Wandmalereien gesäumt. Die Straße nach Galta führt durch eine Landschaft voller Ruinen alter Havelis, Schreine und bunt leuchtender Bougainvilleas. In den beiden Havelis zu Fuß des Galta-Berges sind herrliche Deckenmalereien mit Szenen aus der Krishnalegende zu finden. Der Sonnentempel auf dem Berg ist der einzige seiner Art in dieser Region und erinnert daran, daß die Kachhwaha-Rajputen Suryavanshis, d.h. Nachkommen der Sonne sind.

Am Purana Ghat befinden sich zwei herrliche Gärten. Der Palast und Garten der Sisodia Rani war für die Prinzessin von Udaipur, Gemahlin Jai Singhs II. gebaut worden. Hier erblickte Madho Singh I. das Licht der Welt. Die verschwenderisch angelegten Terrassengärten mit ihren Wasserspielen erinnern an die Gärten der Mogulen in Kashmir. Dieser kleine, aber mit viel Geschmack von Vidhyadhar gestaltete Garten, liegt in einer sehr reizvollen Umgebung und wird von hohen Bergen bewacht.

Wieder zurück in der Stadt muß man sich unbedingt, wenn auch nur aus einer gewissen Entfernung, den Moti Doongri-Palast, die Festung der Maharani Gayatri Devi, die hoch über der Stadt auf einem Berg thront, zeigen lassen. Er ähnelt einer Perle, wird aber im allgemeinen als eine "schottische Verrücktheit" bezeichnet, von der ein gewisser romantischer Zauber ausgeht.

Die wichtigsten Bildungsstätten von Jaipur, die Universität, die Medizinische Akademie, und die Gebäude des Sekretariats, befinden sich alle im Stadtteil des neuen Jaipurs.

Der Rambagh-Palast ist der bekannteste der schönen Gartenpaläste Jaipurs.

Später ließ Madho Singh II. ihn mit Hilfe von Sir Swinton Jacob zu einem königlichen Sportkomplex mit Schwimmbad, Tennis- und Squashplätzen ausbauen. Man Singh II. verwandelte ihn in einen modernen Wohnsitz. Der Stadtpalast war seinen Ansprüchen nicht länger gewachsen, ganz besonders seiner großen Liebe für Polo.

Rambagh-Palast ist heute ein Hotel der 5-Sterne-Klasse, ein königliches Bauwerk mit Türmen, Kuppeln, Pavillons, Säulengängen, Terrassen, großen Bankettsälen und ausgedehnten Rasenflächen. Das Dekor ist typisch rajasthanisch und vermittelt einen Eindruck vom Luxus der Maharajas von Jaipur.

Die Ram Niwas-Gärten wurden ebenfalls von Ram Singh II. angelegt. In diesem Park, in dem auch der zoologische Garten untergebracht ist, steht stolz die Albert Hall. Das ist die grüne Oase der Stadt Jaipur, die ansonsten von kahlen Hügeln und einer sandigen Landschaft umgeben ist.

Zentralmuseum: Die Albert Hall, in der das Museum untergebracht ist, steht im Ram Niwas-Garten. Dieses Gebäude, das an den Besuch des Prinzen von Wales 1876 erinnern soll, wurde von Sir Swinton Jacob nach dem Vorbild des Victoria and Albert-Museums von London gestaltet.

Im Museum ist ein großer Schatz an Kunstgegenständen, Textilien, Metallgegenständen, Schmuck, Münzen, Töpferwaren, Skulpturen und Miniaturgemälden untergebracht. In den Ausstellungsräumen sind seltene Stücke geprägter und gehämmerter Messingarbeiten auf Schildern, Tafeln und Tabletts zu sehen.

Sanganer 15 km südöstlich von Jaipur liegt Sanganer, ein Ort, der für seine wunderschönen, im Blockdruck bedruckten Textilien berühmt ist. Eine Festungsmauer mit starken Toren umschließt die Stadt. Hier ließ Sawai Jai Singh seinen jüngeren Bruder, den widerspenstigen Vijay Singh, einsperren.

Durch die Stadt fließt der Amani Shah. Bündel buntgefärbter Stoffe liegen zum Trocknen auf dem Sand ausgebreitet. Sanganer ist außerdem für seine Papierherstellung berühmt.

Typisch für den Sanganerdruck sind klassische Blütenmuster auf hellgelber oder brauner Baumwolle, Motive, die sich seit Jahrhunderten nicht geändert haben.

Gegenüberliegende Seite, oben: Der Rambagh Palast, Jaipur. Links: Tempel an der Straße nach Galtaji, Jaipur. Rechts: Stoffdruckerei in Sanganer in der Nähe von Jaipur. Nächste Seite: Sheesh Mahal mit Glasmosaik, Amber Festung Jaipur.

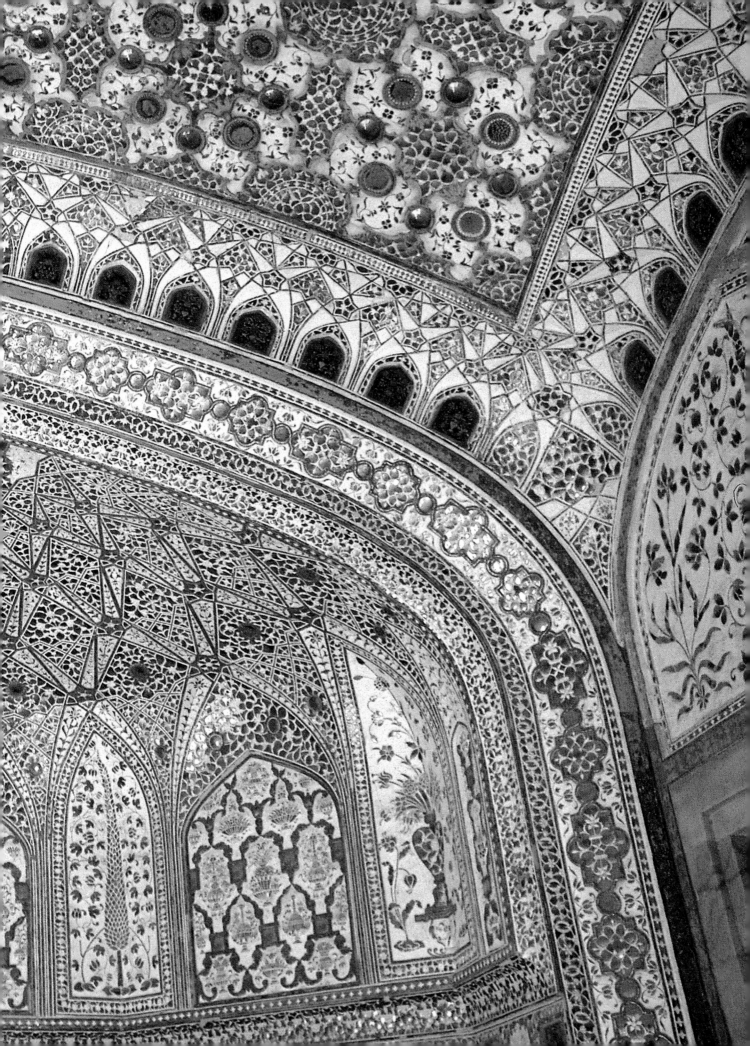

Wörterver-
Zeichnis

AZAN: *Aufruf des Muezzins zum Gebet*

BARADARI: *Säulenpavillon, der in einem Garten oder Park steht*

BAGH: *Garten*

BAOLI: *Stufenbrunnen, meist mit schönen Steinmetzarbeiten verziert, der an beißen Tagen als Zufluchtsort diente.*

CHAHR BAGH: *Persischer Garten, der durch Wege und Wasserkanäle in vier Teile unterteilt wird.*

CHAJJA: *Tief gezogene Simse, die Schatten und Schutz vor Regen spenden*

CHATTRI: *Achteckiges Grabmal in Gestalt eines Pavillons, das von einer Kuppel gekrönt wird. Häufig in Rajasthan zu finden.*

ZWILLINGSKUPPEL: *Kuppel mit doppeltem Dach, die das Bauwerk böber wirken lässt. Zwischen beiden Kuppeln befindet sich ein Hohlraum.*

HAMMAM: *Badezimmer/Räume/türkisches Bad. Die Mogulen hielten in diesen kühlen Räumen gebeime Unterredungen ab und veransalteten lustige Geselligkeiten.*

HAREM: *Weibliche Anghörige des königlichen Haushalts.*

HOWDAHS: *Kunstvoller Elefantensitz*

JALI: *Kunstvoll gearbeitetes Gitterwerk aus Marmor oder Stein, das zur Abschirmung diente und für Licht und Luft sorgte.*

JHAROKHA DARSHAN: *Das öffentliche Auftreten des Herrschers von einem Balkon aus.*

MINAR: *Minarett oder Turm*

MIHRAB: *Gebtsnische einer Moschee, die nach Westen, nach Mekka, blickt.*

MIMBAR: *Gebetskanzel einer Moschee.*

OGEE: *‚S' förmige Weiterführung eines Bogens.*

ODHINI: *Buntes, langes Tuch zum Bedecken des Kopfes, das von Frauen getragen wird.*

POL: *Tor, Durchgang*

PANCHAYATANA: *Tempel, dessen zentraler Schrein von vier kleineren Eckschreinen umgeben ist.*

PIETRA DURA: *Einlegearbeiten aus Edelsteinen in Marmor*

SERAI: *Gasthaus für Reisende*

SHILPASHASTRA: *Alte Lehrschrift über Architektur und Bildhauerei*

SHIKHARA: *Turm, der sich über dem inneren Heiligtum erbebt.*

SQUINCH-BOGEN: *Diagonal aufeinandertreffende Bögen an der Innenseite eines Domes.*

TORANA: *Zierband, das einen Torbogen umrahmt.*

ZENANA: *Frauengemächer in einem moslemischen Palast.*

Fotographien:

Surendra Sahai: 4-5, 11, 12, 14, 15, 16(links, links außen), 19(unten), 21, 23, 25, 31, 32-33, 34, 35, 38, 39, 41(unten), 42, 43, 45, 46, 49, 52, 54, 55(unten), 59, 60(unten), 62, 64-65, 66, 68, 75, 76, 78, 79, 80, 81, 82-83, 84, 87, 88, 91, 92(unten), 94-95.
Thomas Dix: Einband, 2-3, 16(oben), 19(oben), 22, 50-51, 55(oben), 56-57, 60(oben), 72-73, Rückeinband.
Rupinder Khullar: 6, 26-27, 40, 41(oben), 53, 69, 74, 92(oben).